誤訳の典型

中原 道喜
［著］

NAKAHARA
Michiyoshi

金子書房

はしがき

翻訳の機微に触れた言葉の一つに，次のようなものもある。

Translations (like wives) are seldom strictly faithful if they are in the least attractive. (Roy Campbell)

翻訳は（人妻に似て）ただひたすらに忠実であることはめったにない，いささかでも魅力的であるならば。

翻訳者は，ふつう，原文にぴったり寄り添う直訳を離れ，それぞれの名訳を求めて，いろいろな訳し方を工夫する。

その際，基本的には原文を尊重し，その内容を，意味の通りやすいこなれた日本語で，できるだけ過不足なく伝えることが求められる。

しかし，場合によっては，訳者が恣意的に原文に即さない潤色を施したり，原文からのかなりの隔たりを感じさせる表現を用いたりすることもある。

この種の“原文に厳密に忠実ではない訳”は，しかしながら，本書で言う「誤訳」ではない。

翻訳の過程は，おおまかに“解釈”と“表現”という二つの部分に分けられるが，“表現”（または“訳し方”）の適否や巧拙がかかわるのは「悪訳」であって，「誤訳」ははっきりとした“解釈”の誤りに由来するものである。

このような誤訳を生む解釈の誤りは，語句や構文，各種の文法事項など多岐にわたり，趣も多様である。

たとえば，単語を読み誤れば「あこがれ」が「あくび」になり（⇨ p. 2），語義の区別を誤れば「大酒樽を腹に詰めこむ」事態も生じる。（⇨ p. 20） また，文法的考察を誤れば，「この上なく良好」と大統領が明言した二国間の関係が「良好だったことはない」に変わったり（⇨ p. 92），「子供を殺すことはできないように，捨てることもできない」という女性の気持が「子供を捨てるくらいなら殺

すわ」という言葉になってしまったりもする。(⇨ p. 192)

誤訳は，文学作品や各分野の著述，名言集などのほか，映画の字幕や歌詞，スピーチや広告など，各所に遍在する。

難易の幅も大きく，初心者レベルの基本的な誤訳から，練達の翻訳者をも欺く高度な内容がかかわるものもある。

本書では，こういったさまざまな誤訳のなかから，興味深く，啓発的で，応用性の高い，典型的な例を選び，タイプやレベルによって系統的に分類して要点をわかりやすく解説し，場合に応じて類例を示した。「翻訳の常識」としての誤訳の諸相も，英文読解の問題点も，そして押さえておくべき文法の勘所も，その全般的な実例が一通り収められている。

“Mistakes are often the best teachers.”（誤りはしばしば最良の教師である）という言葉は至言としてよく知られるが，誤訳もまた優れた教師であって，他の方法では学べない多くの貴重なことを，興味深く教えてくれる。

また，誤訳そのものだけではなく，誤訳を含む多様な内容・文体の英文と，それに対する訳者それぞれの個性的な訳文に接することによって，幅広く柔軟な読解表現力を身につけることができる。数々の意外な発見や，正訳への謎解きなどによって興を深めながら，誤訳の妙味を味わい，翻訳の多彩な趣向を楽しむこともできる。

本書の刊行は，聖文新社の笹部邦雄氏のご好意と懇切なご配慮によって実現した。とても幸せなことに，今回もまた前著『誤訳の構造』のときと同じく，各務利徳氏と朝比奈彩子氏の周到で親身のご協力をいただくことができた。刊行に至るまでに，いろいろな面で本書のためにご尽力くださったすべての方々に，心から御礼申しあげます。

2010年　夏

著　者

目　　次

Part 1

誤訳の妙味

誤 訳 の 妙 味

誤訳は多種多様であるが，それぞれ，訳者がそれなりに筋を通し，つじつまを合わせてできたものであって，場合により，その勘違いや，こじつけや，創作性，原文からの変身ぶりなどに，独特の妙味を感じさせるものが少なくない。ときに，正訳への筋道に「謎解き」の興味をいだかせ，「なるほど」と納得させる。

ここではまず，そのような趣の一端を典型的に伝え，「間違いもまた楽し」（“Mistakes are fun.”）といった誤訳の味わいを楽しむことができるような例をいくつか見ておく。

1　人生の三大要素

There are three ingredients in the good life: learning, earning and yearning.

よき人生には三つの要素がある。学ぶこと，稼ぐこと，そして，あくびをすること。

●ある名言集からの例である。

yearning は「あこがれること」であるが，この，やや文語的で格調の高い語が，形は似ているが品位はかなり劣る **yawning** と間違えられて「あくびをすること」に変わってしまった。

原文の三つの要素には，いずれも［ə́ːrniŋ］という発音を含む語をそろえ，その順序も，文尾には最も調子の高い yearning を置き，音声的・内容的効果を考えて，慎重に並べられたものである。

●ただし，原文を離れて考えれば，訳文にも捨てがたい妙味がある。人生に「退屈」（boredom）は必然の要素。それを象徴する「あくび」

を三つの要素の最後にすえた文も，否定しがたい人生の真実を伝える至言と評価することもできる。

●なお，この誤訳文の「学ぶこと，稼ぐこと，そして，あくびをすること」のように，最後の要素ですとんと調子を落とすことを，修辞学では Bathos［béiθɑs］（頓降法）といい，独特の効果を生む。

　これに対して，文調をしだいに高めていき，末尾で最高潮に達するようにするのは Climax（漸層法）である。

● **yawn** には，“A *yawn* is a silent shout.”（あくびは無言の叫び声）という言葉もある。たとえば，話し手の前での大あくびの一つは，大声の野次にも匹敵するような心理的損傷力をもつ。

2　世界一の幸せ者はだれ

George：I'd be the happiest person in the world.
Angela：The second happiest!

ジョージ　：君と結婚できたら，僕は世界一の幸福な男だ。
アンジェラ：じゃ，私は二番目。

●映画の名場面集から。ハイライトとなるシーンの一つである。

　会話文では，簡潔な省略形が効果的に用いられている。いちいち省略要素を補ってみるまでもない，定形化した慣用表現も多い。

　しかし，この場合は違う。省略された要素を正しく補って解釈しなければ，せっかくの決め台詞が台なしになってしまう。

　省略要素と，表わすまでもなく伏せられた要素を補えば，次のようになる。

“［*You are*］the second happiest!（*because I am the happiest.*）”
「［あなたは］二番目に幸せなのよ。（一番幸せなのは私）」

●これは，洋画の名場面・名台詞を選んでまとめた本からの引用であるが，「字幕」の場合の正訳例を示しておく。

ジョージ　：「僕は世界一の幸せ者だ」
アンジェラ：「私の次にね」

●同じ趣の省略表現の例を一つ：

A：“The pleasure is all mine.”

B：“Only half.”

A：「[どういたしまして] こちらこそ [ありがとう]」

B：「いえ，こちらこそ」

この対話は，次のように直訳しても，日本語の会話としては通用しない。

A：「喜びはすべて私のものです」

B：「半分だけです」

一般に，“The pleasure is [all] mine.” は “[It is] my pleasure.” と同じく，相手の “Thank you.”（ありがとう）に対して「どういたしまして／こちらこそ [ありがとう]」と返す決まり文句である。ここではさらに「ありがたいのはこちらも同じです」という気持を表わすために *all* mine を受けて，only *half* と返したものであるが，省略要素を補えば次のようになる。

“Only half [*of the pleasure is yours*]. (*The other half is mine.*)”

〔**直訳**〕「[喜びの] 半分だけ [があなたのもの] です。（他の半分は私のものです）」

3　有名は束の間

I'm bored with that line. I never use it anymore. My new line is “**In** 15 minutes everybody will be famous”.

(Andy Warhol)

その言葉には，もうあきた。もう絶対使わない。新しい言葉は，これだ。〝15分**間は**誰でも有名になれる〟。

● moment, minute, hour, day, week といった，時間の単位を表わす語は，その前に置かれる前置詞による意味の区別が大切であるが，最も基本的なのが for（～のあいだ，～間）と in（～のうちに，～で）

の場合である。for はよく省略される。

He waited [**for**] five minutes.（5分［間］待った）
He was back **in** five minutes.（5分で戻ってきた）

囲みの英文も，もちろん「15分でだれでも有名になれる」が正しい。

人目を引くパフォーマンス的な言動などが，短時間で有名を招くことが多い。

● **famous** の名詞は **fame**（有名，名声，知名）であるが，この語については次のような言葉がある。

Fame is a vapour, popularity an accident; the only earthly certainty is oblivion. (Mark Twain)

（名声は蒸気，人気は偶然。この世で確実なのは忘却のみ）

●古来，世間は有名を好み，人々は名声に群がる。今日ではメディアも，効果的に，各界に有名を繁殖させ，知名を増殖させる。しかし，見かけだけで中味が疑わしい名声もあれば，有名さゆえに人々がたやすく惑わされたり災いを被ったりすることもある。

Fame is proof that people are gullible. (Ralph Waldo Emerson)

（名声は，人々はだまされやすいということの証拠である）

「名声は人々のだまされやすさで成り立っている」ことになるが，虚名でしかない有名もある。

gullible（だまされやすい）は gull の形容詞形。**gull** には「かもめ」と「だまされやすい人」という意味がある。有名をありがたがり，すぐその「かも」になってしまう人が少なくない。

●人々はまた「有名人」(**celebrity**）に近づきたがる。次の項目（「激昂（げっこう）するナポレオン」）の主人公ナポレオンに，次の言葉がある。

All **celebrated** people lose dignity on a close view. (Napoleon Bonaparte)

（すべての有名人は間近で見ると威厳が失せる）

● **famous** は，軽妙・辛辣（しんらつ）な風刺や皮肉で知られるアンブローズ・ビアスの『悪魔の辞典』(Ambrose Bierce : *The Devil's Dictionary*) では，次のように定義されている。（四種の訳書からの日本語の訳は，古い順に示してある）

Famous, *adj.* Conspicuously miserable.

「きわだってみじめな」(奥田俊介・倉本護・猪狩博，1975)

「目立ってみじめな」(郡司利男，1982)

「目に見えて悲惨な」(西川正身，1983)

「派手にみじめな」(筒井康隆，2002)

conspicuous は「(特異さによって) だれが見てもすぐに気がつくような」状態を表わす。

4　激昂するナポレオン

She would tell anecdotes and act them out, recounting, for instance, an episode in the life of the Emperor Napoleon: tiptoeing in his library to reach for a book and intercepted by Marshal Ney (Mother playing both characters, but always with humour): 'Sire, allow me to get it for you. I am higher.' And Napoleon with an indignant scowl saying: '**Higher? Taller!**'

母はよく歴史のこぼれ話を聞かせてくれた，それを身振りでやってのけるのである。たとえば，ナポレオン皇帝の生涯の一つのエピソードを語るわけであるが，ナポレオンが自分の書斎で，本を取ろうとして爪立ちをしていると，それをとめるかのように，ネイ元帥がこういう［母はいつでもユーモアたっぷりに，この二人の人物を演じて見せながら話す］，「陛下，私に取らせてください，私の方が高いですから。」するとナポレオンが眉をよせ，憤然としていう，「**高いって？　おれより背が高いだって！**」

●チャップリンは自叙伝で，母がよく彼にナポレオンについての逸話を聞かせてくれたことを述べている。

これは，その一つの場合を紹介する文の一部で，書斎で爪先立ちして本を取ろうとしているナポレオンに，ネイ元帥が丁重に「よろしかったら私が代わりにお取りいたしますが」と申し出る。ここまではよかったが，このあとに加えた一文，‘**I am higher.**’がナポレオンの逆鱗（げきりん）に触れる。

人の背丈が「高い」のは **tall** である。**high** は背丈には用いず，位置や地位が高いことを表わす。至高の皇帝にとっては聞き捨てならない不遜な発言であり，憤然として元帥の言葉遣いを正す。

ネイ元帥：「私のほうが高いですから」

ナポレオン：「高いだと？　背が高い［と言う］のだ！」

Higher には「？」であるが，Taller のほうは「！」になっていることにも注意する。

●前項（「有名は束の間」）でもナポレオンの言葉を引用したが，次も，ナポレオンの言葉で最もよく引用されるものの一つである。

There is only one step from the sublime to the ridiculous.

（崇高から滑稽（こっけい）まではほんの一歩しかない）

最高位者の威厳から俗人的な憤怒までもほんの一歩である。

5　雷鳴：稲妻

> Thunder accompanies lightning.
>
> 雷はいなずまを伴う。

●ある英和辞典の用例である。

“A **accompanies** B.”では，「Bが前(先)で，Aが後(従)」である。

He *accompanied* her to the station.

（彼は彼女のお伴をして駅まで行った／彼は彼女について駅まで行った）

Bが主語になる受動態の形でもよく用いられる。

A cold is often accompanied by a cough.

（風邪はよく咳を伴う／風邪を引くと咳が出ることが多い）

●「雷」と「稲妻」の場合は，もちろん，「まずピカリと光ってゴロゴロと鳴る」ので，囲みの訳文では逆になってしまう。「伴う」を用いて訳すならば，「雷はいなずまに伴う」でなければならない。

この辞典の訳は，改訂版では「稲妻には雷鳴が伴う」と改められている。この英文は accompany の例文として幾つかの辞典で採用されているが，「稲妻には雷鳴がつきものだ」といった訳を示すものもある。

●辞典に関しては，用例の誤訳のほか，〔A〕「見出し語」や〔B〕「成句」の定義が適切でないような場合もある。

〔A〕「見出し語」の定義

"self-defeating"：「自滅的な」

代表的な英和辞典から学習辞典まで，手元のすべての英和辞典が，この「自滅的な」という定義で一致している。

＊ 「自滅的な」に対応する英語は **self-destroying** である。

defeat の主な同意語は beat（打ち負かす），overthrow（くつがえす），thwart（くじく）などである。

self-defeating は「自ら［の目的］をくつがえす，目的と反対の結果を生じる，逆効果を生む」といった意味を表わす。

＊ 英英辞典の典型的な定義を見ておく。

"not achieving what you wanted to achieve but having an opposite effect"

（*Oxford Advanced Learner's Dictionary*）

（望んでいた目的を達成しないで逆の効果を生む）

〈例〉 Constant dieting can be *self-defeating*.（しょっちゅうダイエットをしていると［かえって健康を損なうといった］逆効果が生じることもある）

〔B〕「成句」の定義

"as opposed to"～「～と正反対（対照的）に」

「～とは全く異なって」

これは，定義だけでは正しい意味と具体的な用法がわかりにくい（また翻訳でも誤訳の目立つ）成句であるが，この二つの定義は，複数の英和辞典が用例を示さずに定義だけを記した例として挙げたものである。たとえば，次のような典型的な用例の解釈においても，この定義を有効に生かすことはむずかしい。

〈例〉 This exercise develops suppleness as opposed to strength.（この運動は［体力と対比されるものとしての柔軟性→］体力ではなくしなやかさを育てる）

＊　この句に関する「誤訳」の実例と詳しい解説は ⇨ p. 161。

6　男に名前を呼び続けられる

> She didn't like Pink. Pink was mean, **called her names** the whole time.
>
> ピンクのことは好きではなかった。いけ好かない男で，始めから終わりまでずっと**彼女の名前を呼び**続けるのだ。

●もし英語が her name と単数形になっていれば，「彼女の名前を呼ぶ」でよい。しかし，この文では her names と複数形になっているので，彼女の（たとえば，本名・ニックネーム・愛称など）いろいろな名前を呼んだことになるのか。

実は，この her は所有格ではなく目的格なのであって，ほかの人称であれば **call me（him）names** となり，「私（彼）の悪口を言う，悪しざまに私（彼）をののしる」といった意味を表わす慣用表現なのである。したがって，下線部の訳は次のようなものになる。

「年がら年中**彼女に悪態をついていた**」

● **name** が用いられた文としては，「なぜあなたはロミオなの？」と，ジュリエットが，バルコニーで，ロミオへの思いを口にする場面の台詞が有名である。（次の引用では，訳文のほうは，引用英文のあとに続く部分の訳も加えておく）

What's in a name? That which we call a rose
By any other word would smell as sweet.

—— W. Shakespeare : *Romeo and Juliet*

名前の中に何があるというの？　私たちがバラと呼ぶものは，ほかの呼び方をしたって，同じように甘くかおるでしょう。（それと同じでロミオも，たとえロミオと呼ばれなくても，自分にあるあのすばらしさは持ちつづけるでしょう，そういう呼び名抜きで。ロミオ，あなたの名前をお捨てなさい，そしてあなたの一部なんかではないその名前のかわりに，この私のすべてを，受けとってください。)　　（村上淑郎訳）

● What's in a name? は簡単な文であるが，たとえば What is a name?（名前とは何か）との区別は，どのように訳出されるのか。上の村上訳では，その違いが正確に示されているが，他の幾つかの例を見ておく。

① 名が何ぢゃ？　（坪内逍遥）
② 名前なんかに，何があるでしょう？　（本田顕彰）
③ 名まえなんかいったいなんなのでしょうか？　（大山敏子）
④ 名前ってなに？　（小田島雄志）

7 「嫌う」のか「嫌われる」のか

"Danny got cocky after you left. Suddenly, all the women wanted him. Nobody was as cool as he was. He was easy to dislike."

「あんたがいなくなってからというもの，ダニーはえらく態度がでかくなった。ある日突然，女という女がやつにまとわりつきだした。誰よりもイカしてた。好き嫌いが激しかった」

●翻訳文だけ読めば，下線部の訳は文脈にもぴったりで，誤訳を感じさせる要素はまったくない。しかし，英文は訳文とは別のことを述べており，次のどちらかの意味関係を表わす。

㋑ It was easy **for him to dislike.**
（彼が［人を］嫌うことは容易だった）

㋺ It was easy **to dislike him.**
（彼を嫌うことは容易だった）

正解は㋺のほうであって，この文の話者によれば「彼（ダニー）は嫌われやすい」男だったのである。このことは，引用文のあとに続く次のような話者の言葉からもうなずける。

"Danny said I was a joke. He told Miriam that she shouldn't date a joke."

〔翻訳文〕「ダニーはおれをクズと言った。クズとなんかつき合うなとミリアムに説教したんだ」

●この下線部は，次のような文と同型の文であり，いずれも『文の主語』が『不定詞の意味上の目的語』になっている。

This problem is easy to solve.（この問題は解きやすい）

〔= It is easy to solve this problem.〕

He is difficult to understand.（彼は理解しにくい）

〔= It is difficult to understand him.〕

She is hard to please.（彼女は喜ばせるのがむずかしい／彼女は喜ばせにくい／彼女は気むずかしい）

●同類の文，すなわち〈S is 形容詞 to ～〉の型の文の誤訳をもう一例見ておく。三種の翻訳は，古い順に並べてあるが，一つだけが正しい。

She was now formidable to behold.

—— Virginia Woolf : *To the Lighthouse*

① 彼女はおそろしくもそれと見て取ったのだ。

② 今彼女は，じっと見まもっているのが辛かった。

③ お母様は今は，見るのもおそろしいわ。

formidable は「恐ろしい（terrifying），威圧的な（intimidating），手ごわい（tough）」などの意。behold は「見る」（see, look at, watch）の意を表わすやや文語的な語。

この文は，同じ型の文で She was now terrifying to look at. のように言い換えてみることができ，「彼女は今，見るも恐ろしい様子をしていた」のである。

したがって，三種の訳のなかでは③だけが正しいことがわかる。

8　超絶技巧の使い手

> I could use a good screw.
>
> 俺はうまい技巧だって使えるぜ。

●英語の『卑猥語』などを論考した本の翻訳書より。

screw は「ねじ」などの主な意味に対して，「セックス」関連の意味もある。この意味での用法は，一般的な『俗語』(Slang) よりも下品な『卑語』(Vulgar) として分類される。have *a screw* は have *sex* (セックスする) の俗っぽい言い方である。

●ただし，ここで問題なのはこの卑俗な screw ではなく，基本語である use のほうである。

use (使う) は，口語的に **could use** ～ の形で「～が欲しい，～が必要だ」の意味を表わす。この could は仮定法過去であって (たとえば *would* like to do の would などと同じように)「できれば (～があるとありがたい)」のような婉曲的な意味を含むが，「要求度」や「必要度」は非常に高く，他の英語で言い換えれば need ～ very much や really like to have ～ などに相当する。

I *could use* a drink.

(一杯やるのも悪くないな／ぜひ一杯やりたいものだ)

This house *could use* another coat of paint.

(この家はペンキを塗り替えたっていいんじゃないか／この家はもうペンキを塗り替えるべきだな)

●したがって，囲みの I could use a good screw. は「たっぷりセックスするのも悪くはないな (セックスしたいものだ)」の意であることがわかる。一般的には I'd like to have sex. と表わせるものを，俗っぽくかっこをつけて，このように言ったものである。

●同じ本の別の箇所に，次の英文とその訳文が示されている。

I *could* definitely *do with* a good *fuck.*

(しこたまやれば気がすむんだがな)

fuck は，卑俗的なセックス関連語のなかでも代表格の語で，最も多用され，たとえば口汚くののしるときに “Fuck!”（ちくしょう）などと間投詞的にも用いられる。

この文では screw と同義であるが，この場合も，この語に先行する **could do with** のほうが一般的に重要である。

do with ～ という動詞句には幾通りかの重要な意味があるが，could do with ～ は could use ～ とほぼ同様に用いられる。

I {*could use* / *could do with*} a cup of coffee.

（コーヒーを一杯もらえればありがたい／コーヒーを一杯飲みたいものだ）

●したがって，この fuck を含む例文も，強意の definitely（確かに，ぜひとも）を除けば，最初の screw の文と同意であることがわかり，これを踏まえたうえで，文脈と好みに応じて卑俗のニュアンスを訳文に表わせばよい。

I {*could use* / *could do with*} a good {*screw.* / *fuck.*}

9 「これより気にしないことはない」とは

> It is a purely private activity; society could not care less whether we play it or not.
>
> それはまったく個人的な活動で，われわれがゲームをやろうがやるまいが，社会の苦労が少なくなることはなかろう。

●入試問題解説書よりの例。

最初の It は A game のこと。could not は，「できなかった」という過去のことを表わす「直説法」過去ではなく，「仮定法」過去であって「(現在) できないだろう」の意を表わす。

「否定（not）＋比較（less)」の形は意味を間違えやすい場合がある。I couldn't care less. は慣用的によく用いられるが，直訳すれば「私はこれよりも少ししか気にしないことはできないだろう」というわかりにくい日本語になる。「(気にする程度が) これ以下はありえない」という最低限の無関心を示し，簡単に言えば「全然気にしない」(= I don't care at all.) ということであり，この下線部も「社会はまったく気にかけない」ことを述べている。

●ふつうは，いちいち文法的な理屈など問題にしないで用いられているこの表現について，英字紙の「人生相談」の欄に，投稿者にとっては重大な質問が寄せられたことがある。この「質問」とそれに対する「回答」は次のとおりである。

〔質　問〕　　(下線は引用者)

Dear Ann Landers： Please settle an argument. Some people say, "I couldn't care less." I have also heard, "I could care less." Which is correct? I have $20 riding on this. Thanks.
(J. R., Elkhart, Ind.)

アン・ランダーズ様：どうか議論に決着をつけてください。ある人たちはI couldn't care less. と言います。またI could care less. というのも耳にします。どちらが正しいのですか。20 ドル賭けているのです。

〔回　答〕

Dear Elk： It should be, "I couldn't care less," if the person wishes to express a total absence of caring. When one says, "I could care less," it means "I care to a certain degree, but not very much."

エルクさん：全く無関心であることを表わしたいのならばI couldn't care less. でなければなりません。I could care less. と言えば，「あまり多くではないが，ある程度は気にする」ということを意味するのです。

回答者のAnn Landersは，米国の主要新聞で長いあいだ人生相談を担当し，幅広い層の読者から絶大な信頼を集めた。

ただし，この回答の後半部，すなわちI could care less. の説明は通説と異なる。

たとえば，米国の著名な政治ジャーナリストで，“language maven”（言語のプロ，言葉の鑑定家）を自称したWilliam Safireも，“*On Language*”と題する新聞の欄において（他の問題を論じた文で），

“I could care less” means “I could not care less.”

と述べているように，**I could care less.** も（文法的には正しくない形であるが）**I could not care less.** と同じ意味で用いられる。実例を一つ，その翻訳文と示しておく。

Frankly, I could care less what they think of me around here, and one way or the other, I'll come by later.

—— Robert James Waller：*The Bridges of Madison County*

はっきり言って，わたしはこのあたりで自分がどう思われようとかまわないし，いずれにせよ，あとでお宅にうかがうつもりです。

●前述のように，I could not care less. のcouldはふつうの直説法の過去形として「過去のこと」を述べるのではなく，仮定法過去形で「現在のこと」を述べるが，「過去のこと」を述べる場合にはcould not have caredの形になる。実例とその翻訳文を示す。

He couldn't **have cared** less about the assignment.

—— Thomas Hauser：*Missing*

［彼は］算数の問題には見向きもしなかった。

＊　assignmentは「割り当てられた仕事，課題，宿題」

●以上の**could not 〜 less**（これ以下はありえないだろう，まったく〜ない）が「最低限度」を表わすのに対して，**could not 〜 more**は「これ以上はありえないだろう，この上なく〜だ」という「最高限度」を表わし，こちらのほうはわかりやすい。やはり①「現在」のことと②「過去」のことを表わす場合があり，それぞれの典型的な例を示しておく。(引用例の訳はいずれも翻訳文である)

① I **couldn't** be **more** pleased.（［これ以上に嬉しいことはありえ

ないだろう→］こんなに嬉しいことはない）

"They are often the obvious suspects," said Miss Marple apologetically, "and the obvious is so often right."

"I **couldn't** agree with you **more**," said Craddock.

—— Agatha Christie：*The Mirror Cracked*

「そりゃ亭主が明白な容疑者である場合が多いからよ」とミス・マープルは弁解するように言った。「明白な容疑者があたっている場合も多いしね」

「それはたしかですね」とクラドックも言った。

＊ couldn't agree **more** はよく用いる慣用表現で「［これ以上賛成することはできないだろう→］まったく君の言うとおりだ／あなたの考えに大賛成です」の意。逆に couldn't agree **less** ならば「まったく賛成できない，大反対だ」の意を表わす。

② I **couldn't have been more** mistaken.

（［これ以上に間違った考えはなかっただろう→］私はまったく間違っていた／こんなにひどい思い違いはなかった）

I **could not have been** happi**er**, that is, until there came a bad sequence of events which intruded themselves on my well-being. —— William Styron：*Sophie's Choice*

ぼくは**これほどしあわせなことはなかった**が，やがて一連の悪い出来事がぼくの幸福な生活に侵入することとなった。

＊ これは more ～ の代わりに ～er の形をとった場合の例。

●この could not ～ more で，形容詞が不規則変化語の場合は，better や worse といった比較級の形が用いられるが，その場合も誤訳が生じやすい。例を一つ見ておく。

Anthony was aware that it **could not have happened** at a **worse** time. —— Margaret Drabble：*The Ice Age*

アントニーは，もっと経済状態が悪いときだったら，こんなことには首をつっこむことはなかったろうということだけはわかった。

下線部は「これよりも悪いときにそれが起こるということはありえ

なかっただろう」という直訳になる。つまり，「アントニーは［これ以上はありえないという］最悪の時期にそれが起こったということに気づいていた」ことを述べている。

10 「棒紅」をぶらさげた警官

> "Are you his friend?" one of the police said to Tristram. Tristram was shocked to see that this one **wore** black **lipstick** to match his tie.
>
> 「おまえはこの男の仲間か？」と，警官の一人がトリストラムに聞いた。トリストラムは，その警官がネクタイにあわせようと黒い**棒紅をぶらさげている**のを見て，ぞっとなった。

● **wear** は「身につけている」の意で，次のような語を目的語にとる。

wear shoes (glasses, a tie, makeup, perfume, a gun)

靴をはいている（めがねをかけている，ネクタイをしめている，化粧をしている，香水をつけている，銃を携帯している）

● **lipstick** は，ここでは独創的に「棒紅」と訳されているが，一般的には「（棒状の）口紅」であり，*put on* lipstick は「口紅をつける」，*wear* lipstick は「口紅をつけている」，また「口紅を落とす」は *remove* (*take off*, *wipe off*) lipstick などと言う。

下線部の訳は「黒い口紅をつけている」が正しい。

●「着用」に関連して「脱ぐ」ほうの誤訳例を一つ：

"So I **tore** my clothes **off**." (= ~ tore off my clothes)

「それでさ，俺，着てた服を**引き裂いて脱ぎ捨てたね**」

tear は「破る，裂く」などの意味を表わすが，**tear off** は「あわてて脱ぐ」で，「裂く」ことはしない。

He **tore** the cloth.（彼はその布を引き裂いた）

He **tore off** his clothes and jumped into the river.

（彼は大急ぎで服を脱ぎ，川に飛び込んだ）

下線部でも，服を「引き裂き」はせず「脱ぎ捨てた」だけである。

11 「顔」ではなく「心」が獣（けだもの）

> He was Bert to his wife and his cronies but Alice called him "Beast". Not to his face, mind.
>
> 彼は，女房や仲間たちからはバートと呼ばれていたが，アリスは彼を『けだもの』と呼んでいた。別に顔がそうだからというんではなくて，性根（しょうね）がそうだと言ってな。

●下線部は，主語を含む部分が省略されているので，まず省かれた要素を確認しなければならない。補えば次のようになる。(She = Alice)

[*She did*] not [*call him "Beast"*] to his face.

● **to one's face** は慣用表現で「面と向かって」の意であり，これと対照的な意味を表わす句は **behind one's back**（人のいないところで，陰で）である。

文末の **mind** は「心」ではなく，動詞で「気をつける」の意。このように文尾に置いて「～だよ，～だからね」と念を押すのにも用いる。

●以上を訳でまとめれば，次のようになる。

「ただし面と向かってそう呼んだわけではないがね」

●同じように「省略」表現を誤訳した例：

"I hardly know her really," said Cherry. "**Knew** her, I mean."

「ほんとうはわたしあのひとのことはよく知らないんです」とチェリイは答えた。「そりゃ**知ってはいましたわ**」

I mean は，直訳的には「～と言うつもりだった」の意を表わすが，言い間違えたときに訂正するのに用いる表現である。ここでは **know** と言ったのを，正しくは **knew** だと言い直したのである。

英文の省略要素は，上の翻訳では [*I*] knew her.（彼女を知っていた）と解されているが，正しくは [*I hardly*] knew her. である。つまり，チェリイは次のように言ったのである。

「彼女のことは実はほとんど知らないのです―いや，**知らなかった**のです」

12 「笑った」のか「吠(ほ)えた」のか

> That smug **bark of a laugh** meant Tito was happy.
>
> その独善的な**ほえ声**はティトがご機嫌な証拠だった。

● (名詞) **of a** ～ は「(名詞) のような～」の意。〔⇨ p. 103〕

a mountain of a wave (山のような波)

次の文も同様である。

He and his shark of a lawyer cleaned me out.

(奴と奴のサメみたいな弁護士に，すってんてんに巻き上げられてしまった)

この下線部の名詞句の主要語 (Headword) は lawyer であって，his shark of a はそれを修飾する要素である。

●囲みの例文の下線部でも，主要語は **bark** (ほえ声) ではなく **laugh** (笑い声) であるから，訳し方は「～なほえ声」ではなく「～のような笑い声」でなければならない。

すなわち，この下線部は「その悦に入った，ほえるような**笑い声**は…」のような形で訳すことになる。

●これは比喩表現の一種であるが，典型的な例を加えておく。

① her **brute of a** husband (彼女の**獣のような**夫)

—— Agatha Christie : *The Murder of Roger Ackroyd*

② his **virago of a** wife (**がみがみ女みたいな**彼の妻)

—— P. D. James : *Devices and Desires*

③ his **sausage of a** wagging tail (その犬の**ソーセージみたいな**揺れ動いているしっぽ)

—— Iris Murdoch : *The Nice and the Good*

④ this cankering, rotten-hearted **hell of a** country (こんな腐敗堕落しきった，**地獄さながらの**国)

—— D. H. Lawrence : *England, My England*

13　大酒樽を詰めこんだ腹

> 'Yes, I got a fine old **butt** in the tummy and in I went. Bit of luck, I dropped my torch on the bank, and ...'
>
> 「ぼくはね，お腹にすばらしくうまい**大酒樽**を詰めこんで入ったんだ。でもちょっぴり運がよかったよ，懐中電灯は岸に落としたからな……」

●ふつうの辞書では **butt** は四つの見出しが設けられている。

butt[1]　「太いほうの端；太い幹；吸いさし」
butt[2]　「(あざけりの) 的(まと)，対象；標的」
butt[3]　「頭突き，角での一突き」
butt[4]　「(大きな) 酒樽；大樽」

上の翻訳文では butt[4] の意味にとって訳してあるが，「お腹に大酒樽を詰めこむ」というのは現実離れしている。童話の世界なら，お腹にいっぱい石を詰めこまれた狼の例もあるが。

●もう一つの問題点は **in the tummy** である。

tummy は口語で，stomach のこと。だからこれを「お腹［の中］に」と訳して間違いではないように思われるが。次の二文を比較：

① I have butterflies in my stomach.（［僕のお腹の中に蝶(ちょう)がいる→］胃がしくしくする，不安で落ちつかない）

② He kicked me in the stomach.（彼は僕のお腹をけった）

①では in は「～の中」の意だが，②では身体の部分を表わしている。②に類した，身体の部分を表わす表現では，その名詞の前にはかならず the が置かれる。

He grabbed me **by the arm**.（彼は私の腕をぐいとつかんだ）
He slapped me **in the face**.（彼は私の顔をひっぱたいた）

●正解は，囲みの英文の butt は butt[3] の意味であり，in は②と同じ用法である。したがって下線部の意味は，

「僕はみごとにお腹に一突きくらわされて［川に落っこっちゃったんだ］」

Part 2

誤訳のタイプ

誤訳のタイプ

誤訳は，その一つ一つが異なった文脈において生じるものであり，それぞれのユニークさが，限りなく多彩な誤訳の多様性を生み出している。

「対象となる事項」── たとえば，単語や熟語，文法や構文など ── も種々あり，「難易の程度」も，初心者レベルから，プロの英語力が試されるような高度なものまで，その幅は大きい。辞書を引くだけで簡単に防げるはずのものもあれば，辞典や文法の域を越え，複雑な内容や構文を正しく見極める練達の読解力を必要とするものもある。

原文からの「意味の隔たり」や「誤りの趣」もいろいろであり，たとえば，不注意な“とちり”に類したものから，“上手の手から水が漏れる”たぐいのものまで，また，原文尊重の原則に恣意的に背くもの，意表をつく独創性を示す迷訳・珍訳など，さまざまである。

そして，語・句から文・節（Paragraph）にわたる（不注意な，あるいは意図的な）「訳し落とし」も，まれではない。

ここでは，以上のような多様な誤訳の実体が，全般にわたってよくわかるように，主要なタイプに分類し，典型的な例を示しておく。

A 「語・句」に関する誤訳

＜1＞ 「誤訳」ではなく「誤植」

〔1〕 I wondered if tumescent could be a **noun**.

私は　腫脹性（トウメセント）の，という語は**名刺**として使えるだろうか，と考えた。

〔2〕 Bloodworth suppressed a **lecture**.

ブラッドワースは**抗議**したい心を抑えた。

解説　訂正を要する箇所はそれぞれすぐわかるが，これらの誤りは，訳者による漢字の書き違えの場合を含めて，校正上の見落としであって誤訳とみなされるべきものではない。

〔1〕の noun は「名刺」ではなく「**名詞**」である。

〔2〕の lecture は「抗議」ではなく「**講義**」であり，ここでは，ひとくさり意見などを述べたいと思う気持を抑えたのである。

■次のような，原文の英語とは直接対応しない誤植もある。

“It's one of the barbiturates —— whose **toxic dose** is very near the effective one.”

「バルビツル酸塩ですからね —— この系統の**睡眼剤**は非常に効くんです」

● 「**睡眼剤**」はもちろん「**睡眠剤**」であるが，原文にはこれに相当する語はない。なお，下線部は「それの**有害な服用量**は（催眠に）効果的な服用量にきわめて近い」ことを述べている。適正な服用量を過ごすと危険な薬なのである。

「原書」の誤植　(1)

誤植は翻訳書だけではなく，英語の原書にも見られる。日本語の訳文では漢字の誤りが多いが，英語の場合は（きわめてまれであるが），①単語の綴りの誤りのほか，②語形の誤り，③単語を間違えたもの，④二語がかかわるもの，⑤同一語の重複，⑥単語の脱落，などがある。

ここでは①，②，③の例を一つずつ。

① ... these tow are not the same ...　(Kingsley Amis : *On Drink*)

② You have grow a beard.　(T. J. Parker : *Easy Street*)

③ ... making, or attempting to make, a compact with the adult relatives of my friends ...　(Saul Bellow : *Dangling Man*)

●① tow → two（これら二つは同じではない）② grow → grown（あなたひげを生やしたのね）③ compact → contact（私の友人のおとなの身内と接触する，あるいは接触しようとくわだてること）

〔3〕 She leaves no claw uncracked, no crevice unpried.

瓜は一つ残らず割って身を食べ，くぼみの肉はすべてつき出して食べる。

〔4〕 He grunted with pain and **buckled** to his knees.

苦しそうな呻き声を発して，ガクッと膝を**打**った。

解説 〔3〕 この文は Few people can match Susan Silverman for lobster eating.（ロブスタを食べることにかけては，スーザンに太刀打ちできる者はまずいないであろう）のあとに続く文である。**claw** は「つめ（爪）」であって，「うり（瓜）」ではない。

ただし，**claw** は「(鳥・動物などの）つめ」と「(カニ・エビなどの）はさみ」に用いられ，ここではロブスターについて述べているので「はさみ」と訳すのがふつうである。

〔4〕 **buckle** は「(圧力などに負けて）曲がる，くずれる，屈服する」などの意を表わし，to one's knees は「両ひざをついている」状態を表わす。したがって「膝を打った」ではなく「膝を折った」が正しい。

■次は有名な英詩の一部とその訳であるが，定評ある名訳に含まれた「誤植」の例として：

Who is the third who walks always beside you?
When I count, there are only you and I together
But when I look ahead up the white road
There is always another one walking beside you.

—— T. S. Eliot：*The Waste Land*

君達の他にもう一人がいつも
歩いているがそれは誰だ？
僕が教えると君達と僕だけだ
あの白い路の先方を見あげると
君達と一緒に歩いている他の人が
いつも一人いるのだ　　　　（西脇順三郎訳）

〔「僕が教えると」→「僕が数えると」〕

■もう一つ，英文学史上の代表的な名作の翻訳から。

"… I had not known you a month before I felt that you were the last man in the world whom I could ever be prevailed on to marry."　—— Jane Austen：*Pride and Prejudice*

「…お知り合いになってから一日もたたないまえに絶対結婚する気にならないかただと思いました」

〔「一日もたたないまえに」→「一月もたたないまえに」〕

● **the last ～**「最も～しそうにない」　**prevail on** (a person) **to do**「(人に)～するように説得する」

the last man … to marry の部分を直訳的にまとめれば「この世の中で私が結婚するように説得されることが最もありえない人」のようになる。

『高慢と偏見』は，翻訳も多く，何度か映画化もされており，ヒロインのエリザベスは英文学で読者に最も愛される女性の一人であるが，この文は，彼女が相手の男性であるダーシーのプロポーズを断固として拒絶する言葉の一部である。

「原書」の誤植　(2)

ここでは，23ページの (1) に引き続き，④二語がかかわるもの，⑤同一語の重複 (二種)，の例を示す。

④ I want to be done with it all, … all the complaints and there proaches and the betrayals.

(Doris Lessing：*The Golden Notebook*)

⑤ She could could not help hating these visits,

(Muriel Spark：*Memento Mori*)

I expect we can find you you something.

(Ruth Rendell：*A New Lease of Death*)

●④ there proaches → the reproaches (愚痴や非難や裏切りに全部片をつけたい)　⑤ could could not → could not (こんな回診をおぞましく思わないではおれなかった) ／ find you you → find you (なにか［食べるもの］あると思うわ)

〔5〕 Suddenly at the end she unexpectedly found herself in tears. Shuddering, she flopped over and sobbed into her **pillow**.

　話が終わるころ，思いがけず，彼女は涙にくれた。わなわなと肩を震わせ，**机**につっ伏して泣いた。

〔6〕 I'd always at the bottom of my heart believed that one couldn't get rid of money, that it would stick like a **leech** or a parasite, and breed and breed ...

　私はいつも心の底で人はお金から逃れられないのだと信じていました。お金は**蛙**や寄生虫みたいに人にへばりついてきて，どんどん増殖してゆくものだと信じていたんです…

解説　〔5〕 **pillow** は「机」ではなく「枕」である。

〔6〕 **leech** は「蛭（ひる）」であり，「蛙」は “frog” である。

■漢字一字の誤りでも，「誤植」か「誤訳」か区別しにくい場合もある。

Anyway, they were far too altruistic.

とにかく，その人達はひどく排他的でした。

altruistic は「排他的」ではなく「利他的」であるが，これが誤植なのか，訳者がかかわる誤りなのかは，読者には判別しがたい。「排他的」には **exclusive** が用いられる場合が多い。

＜2＞　単語の意味を間違えたもの

〔7〕 His **description** is accurate.

　自分の**観察**は正確だ。

〔8〕 “China's population has officially reached one **billion**.”

　「中国の人口は公式にはすでに**一億**人に達しているのよ」

解説　この項では，一つの単語の意味を訳し違えた例を扱うが，多義語の場合に正しい語義の選択を間違えた誤訳（たとえば「かっこいい」の cool を「冷静な」)は，別の項目〔⇨ p. 34 ＜ 4 ＞〕で扱う。

〔7〕の **description** は「描写」であって，「観察」は **observation** である。observation のほうは，動詞 **observe** の「観察する」，「述べる」，「遵守する」などの名詞としての意味を，文脈により正しく区別することを求められることが多い。

〔8〕 **billion** は「10 億」であって，「1 億」は a hundred million である。

〔9〕 Lower down there was a torso that tapered to a waist I could have circled with my two **hands**.

その下の方には，わたしの二本の**腕**で取り囲むことができたであろう，ウエストにむかって次第に細くなってゆく胴。

解説　「二本の**腕**で」なら，もちろん with my two **arms** である。「二本の腕で取り囲むことができるウエスト」では，かなりの巨腹を連想させてしまう。ほっそりと引き締まったウエストは，やはり「両の**手**で囲むことができるような」でなければならない。

「原書」の誤植　(3)

23 ページで分類した ⑥単語の脱落，の例を示す。⑦以下は（①～⑥の分類とはかかわりなく）任意の順で，主な誤植の例を示す。

⑥ The second of Freddie's volumes had ... shown up as worthless the contents of the first.

(Kingsley Amis : *The Folks That Live on the Hill*)

⑦ Luke looked in the indicted direction.

(George Lucas : *Star Wars*)

● ⑥ as worthless → as worthless as（フレディの著書の第二作は，第一作の内容に劣らずくだらないことが判明した）

⑦ indicted → indicated（ルークは指された方を見た）

■「手」に対して「足」のほうの例も一つ：

You sit toasting your toes at the fire in your old age.

年老いて，暖炉で足の親指を暖めながら座っている。

toe は「足の親指」でなく「足の**指**」が正しい。

{「手の指」finger　　{「手の親指」thumb
{「足の指」toe　　　{「足の親指」big toe

〔10〕 He **stroked** her hair, not seeming to mind that it was dirty.

彼女の髪の毛を**軽く叩いた**。汚れて汗くさいのも気にならないようだった。

〔11〕 Your party **claims** to understand the so-called working class, but most of you haven't a clue about what they're feeling.

きみの党はいわゆる労働者階級を理解**しろと言う**が，そういうきみたちのほとんどが彼らがどう感じているか，まるでつかんでいない。

解説 〔10〕 **stroke** はもちろん「**なでる**」のであって，「軽く叩く」に当たる語は pat である。なお，dirty は「汚れている」状態を表わすだけで，「汗くさい」（= smell of sweat）の意味は含まれない。この種の，訳者の思いつきによる勝手な付け足しは，「達者」を見せかけるたぐいの訳文においてまれではないが，慎まなければならない原文軽視である。

〔11〕 **claim** to do (to be) は「～する（～である）と主張する」の意を表わし，ここでは「きみの党は労働者階級を理解していると**主張するが**」が正しい。

■ claim は名詞を目的語として伴い「（当然の権利として，自分の所有物として）～を要求する」の意で用いることがあるが，その場合の例を一つ：

"ABC Airways, paging Mr. Michael Bliss. Please come to gate No. 25, concourse B, to **claim** a lost item."

「ABC 航空です。お呼び出し致します。マイケル・ブリス様，遺失物のご報告に，B コンコースの 25 番ゲートまで，お越しください」

claim は「自分のものだと言う」の意であり，「遺失物を受け取りにお越しください」と呼びかけている。

〔12〕 “Exercise is to the body what thinking is to the mind,” said Arveyda, **gasping**.

「考えることが精神にいいように，運動はからだにいいんだよ」とアルヴェイダは**あくびをしながら**言った。

〔13〕 His hands were on me pressing together my breasts, his fingers **fumbling**.

彼の両手が私の胸をつかんだ。指が**震えていた**。

解説 〔12〕 **gasp** は「あえぐ，息を切らす」の意。ジョギングをしながら，ロック歌手の男性は，楽々と自分の前を走る女性に，（もちろん「あくびをしながら」ではなく）「**はあはあ息を切らしながら**」言ったのである。

「あくびをする」は，**yawn** であり，gasp と混同されることはない。gasp とやや似た語に **gape** があり，これは「大きく口を開ける」の意を表わし，「あくび」で大口を開ける状態について用いることもある。

〔13〕 **fumble** は，球技などの「ファンブル」（ボールを捕り損なう）でおなじみの語であるが，主な語義は「（ぎごちなく）手探りする，不器用な手つきで扱う，いじくる」などである。文法的には，ここは『付帯状況』を表わす分詞構文で，*with* his fingers fumbling と with を置くこともあり，「彼の指は**ぎごちなくいじくり回した**」といった状況を述べている。

「震える」はもちろん **tremble** であるが，基本語であるから，ふつうは，この二語を混同することはありえない。なお，～mble で終わる主な語には，crumble（くずれる），grumble（ぶつぶつ言う），mumble（もぐもぐ言う），stumble（つまずく）などがある。

＜3＞　形が似た単語の混同

〔14〕 Pay no attention to what the critics say; no **statue** has ever been put up to a critic.

批評家がなんと言おうと気にしないことだ。かれら批評家にこれまで，**ステータス**が与えられたことがあるかね。

解説　**statue** は「像，彫像」であって，「批評家の**彫像**が建てられたためしはない」ということを述べている。「ステータス」のほうは **status** であり，他に形が似た単語として **stature**（身長）と **statute**（法規，成文法）がある。

なお，status は「地位，身分」であり，「高い」の意味は含まれないので，この誤訳に対応する英文は次のようなものである。

“Have critics ever been given a high status?”

〔15〕 Love is more destructive than hate. If you must dedicate your life to something, dedicate it to an **idea**.

愛は憎悪よりももっと悪い。何かのために身を捧げるというのなら，**理想**のためにこそ捧げなさい。

解説　「理想」はもちろん **ideal** である。**idea** に対する辞書の定義としては「思いつき，着想，アイディア；考え，意見」などが，最初のほうに示されるものであるが，ここではどのように解すべきか。

前の文で，「愛は憎しみより破壊力が大きい」と述べられているが，愛や憎しみは「情念」であり，**heart**（心）で感じ，そこに宿るものである。ここでは，身を捧げるのなら，なにか或る「理念」に捧げなさい，と忠告しているのであるが，idea は **mind**（頭）の中に存在するものである。近い同意語に concept があるが，頭の中に存在するものとして「概念，観念，考え」などの意味を idea と共有する。

〔16〕 The whiners of the afternoon were now asleep, these others were wilder and alcoholic and barely **intelligible**, ...

哀れっぽい声を出す午後の男たちは，もう眠っているに違いない。この時間の連中は，もっと乱暴で，酒びたりで，**知性**などほとんどなかったが，…

解説 **intelligible** は「(文章・話・考えなどが)理解できる，よくわかる」の意であり，この連中は，酔っぱらって，呂律(ろれつ)もあやふやで，「言っていることもほとんど**理解できない**」状態にあった。

■これは intelligible を **intelligent**（理知的な）と間違えたものであるが，intelligent の用例とその翻訳を見ておく。

I felt (perhaps I am wrong) that the kind, intelligent people gathered in a big room looking out on pine trees did not really want to think about God.

—— May Sarton : *Journal of a Solitude*

あの大きな部屋に集まって窓の外をながめている親切で聡明な人たちはなぜか神のことをほんとうに考えたくはないのだと思えた。まちがっているかもしれないが。

〔on pine trees の訳（窓の外の松の木を）を補っておく〕

■形が似ていて混同されやすい単語の主な例には，次のようなものがある。

{access（接近）／excess（過度）}　{affect（影響する）／effect（結果，効果；生む）}
{adapt（適合させる）／adopt（採用する）}　{decease（死亡［する］）／disease（病気）}
{globe（球，地球）／glove（手袋）}　{loyal（忠実な）／royal（王の）}
{policy（政策）／politics（政治）}　{precede（先行する）／proceed（前進する）}
{principal（主な；校長）／principle（原理）}　{recent（最近の）／resent（立腹する）}

〔17〕 Prison was a good place to be tired. There I taught my **conscience** the art of fatigue, ...

牢獄は人間を駄目にするには絶好の場所だ。そこで私は**意識**に倦怠という感覚を教え込み，…

解説　**conscience** は「**良心**」であって，「意識」は **consciousness** である。

第一文について：to be tired が「人間を駄目にするには」と訳されているが，直訳は「疲れているのに［好適の場所］」であり，「疲れた人間が過ごすのに［好適の場所］」ぐらいに訳すことができる。

第二文について：the art of fatigue は「倦怠という感覚」ではなく，「疲労の技術［を私の良心に教えた］」が直訳。「疲れた身で無難に過ごす要領」のような意味をくむことができる表現である。

〔18〕 I came to ask you what you'd like for breakfast, there's cereal, eggs, etcetera.

"I don't want any breakfast," she said. "This horrid little room. And that **anaesthetic**. What was it?"

I didn't know it would make you sick. Really.

朝ごはんには何がいいか聞きに来たのです。オートミールも卵もありますが。

「朝ごはんなんて要(い)らないわ」と彼女は言った。「このいやらしい部屋。**趣味の悪さ**。なんだったの，この部屋？」

そんなにお気に入らないとは思いませんでした。すみません。

解説　単語のレベルが少し高くなるので，今までの例よりは，混同された単語が何であるかを認めるのが困難である。

anaesthetic［ænəsθétik］「麻酔の；麻酔薬(剤)」
unaesthetic［ʌ̀nesθétik］「美[学]的でない」

これらは《米》では anesthetic，unesthetic とも綴られる。

したがって，この部分の訳は，

「それにあの**麻酔薬**。なんだったの」

となる。“What was it?” の it は，もちろん room ではなく，anaesthetic を指す。

なお，打ち消しの接頭辞 un- がつかない **aesthetic**（美[学]の，美的な，審美眼のある）はふつうによく用いられる語であり，「美学」は **aesthetics** である。

〔19〕 “She alluded to you in terms suggestive of disapprobation, sir.”

“She — what?”

“‘**Feckless** idiot’ was one of the expressions she employed, sir.”

“Feckless idiot?”

“Yes, sir.”

「御夫人は旦那様のことを非難めいた言葉で話しておられました」

「彼女がかい — なんだって？」

「『**向こう見ずの**低能児』というのが御夫人の使われた表現の一つでございました」

「向こう見ずの低能児？」

「さようでございます」

解説 これは，二語の「混同」の関係が，やや意外さを感じさせるもう一つの例である。

- **feckless** は「無能な，無責任な」などが辞書で多く示される訳であるが，語感としては，「能なしの，ぐうたらな」などのほうが近い。“御夫人” が “旦那様” を評して言った言葉は，「**ろくでなしの間抜け**」といったようなものである。そして，この語と形が似て，「向こう見ずの」の意を表わす語は **reckless** である。

■ **idiot** は，**fool** の同意語の一つであるが，「ばか」では伝ええないそのニュアンスは，その他いろいろな訳によって表わされる。

この idiot が用いられた例としては，『マクベス』の終わり近くの，夫人の死を知らされたあとのマクベスの有名な独白がある。幾通りかの訳し方を見てみる。

Life's but a walking shadow, a poor player
That struts and frets his hour upon the stage
And then is heard no more. It is a tale
Told by an **idiot**, full of sound and fury,
Signifying nothing.

—— W. Shakespeare：*Macbeth* v. v. 24 ～ 28

人生はただ歩きまわる影，あわれな役者，
出番の間は舞台を闊歩しどなり散らしてはいるが，
その後はなにも聞こえぬ。**阿呆**の語る物語。
ひびきと怒りにみちてはいても
意味するところは無だ。　（安西徹雄）

愚人の話のように，…　（野上豊一郎）
痴れ者が語る物語のように，…　（斎藤祐蔵）
白痴のおしゃべり同然，…　（福田恆存）

● **struts and frets**「のさばり歩いたり，じれじれしたりするけれども」（野上），「乗っ取って歩いたり，いら立ったりするが」（斎藤），「みえを切ったり，喚いたり」（福田）

＜4＞　多義語の意味の区別を誤ったもの

〔20〕 I am content with my life and **light** of heart.

いまのわたしは自分の人生と心の**光**に満足している。

解説　**light** は，辞書では，ふつう二つの見出しが設けられ，次のような主な意味が示される。

① **light**《名》「光；明かり」，《形》「明るい」（↔ dark），《動》「火をつける；照らす」

② **light**《形》「軽い」（↔ heavy）

次の「構文」について，and にかかわる「省略」を補ってみる。

❶ I am content with my life and [with] **light** of heart.

❷ I am content with my life and [am] **light** of heart.

翻訳文では，語義は①の「光」，構文も❶と解されているが，実は語義が②，構文も❷による解釈が正しい。すなわち，

「私は自分の人生に満足し，**心**も軽い」

ということを述べている。**be light of heart** は「心配や苦労・悩みなどがない」状態を表わすが，英和辞典で（“light” の項でも “heart” の項でも）この表現を見つけることはむずかしい。

■ light の例をもう一つ。次の翻訳文では語義の区別は明確ではないが，「《形》明るい」ではなく，「《名》光」の意である。

“Things are looking up, Cal. **Light** at the end of the tunnel. People buying expensive foreign cars again.”

—— Judith Guest：*Ordinary People*

「景気は上向きになっている，キャル。トンネルの出口が見えてきたんだよ，**明るくな**。高い外車がまた売れ出しているんだ」

[the] light at the end of the tunnel は「トンネルの出口の光，長い困難のあとの光明」を表わす。「明るくな」という訳は light を「《形》明るい」と解しているようにも思われるが，ふつうは「やっと光（ようやく明るい兆し）が見えてきた」のように訳される。

〔21〕 He did not want to sit down, **even though** he thought my mother's steel garden chairs were **cool**.

椅子に腰掛けるのもいやがった。母の形見の鋼鉄のガーデン・チェアが**冷たそう**に見えた**から**かもしれない。

解説 この **cool** は口語用法で，「かっこいい，すてきな，すばらしい」などの意を表わす。**even though** ～ は「～だから」ではなく，「～だけれど」なので，この下線部は，「母のスチール製の庭いすは**かっこいい**と思った**が**」が正しい。

■単語としてはきわめて基本的な形容詞の例をもう一つ。

Umbrellas stretched six **deep**, edge to edge, for half a mile along the silvery beach.　—— Doris Lessing：*Pleasure*

銀白色の浜辺ぞいに半マイルほど，**直径**六フィートのビーチパラソルが隙間なくひしめいている。

deep はふつう「深い」であるが，この文では「～列に（並んで)」の意を表わす。

Cars are parked three **deep**.
（車は三**列**に駐車している）

● **face to face**（顔と顔をつき合わせて，差し向かいで)，**back to back**（背中合わせに）などと同じく，**edge to edge** は「端と端が接触せんばかりに接近して」いる状態を表わし，ここでは「ビーチパラソルが半マイルにわたって六**列**にびっしりと並んでいた」のである。

〔22〕 "The elephant", I read, "is **only** a huge animal, but he is the most worthy of beasts that lives on the earth, and the most intelligent. ... "

そこにはこう書いてあった ──『象は**唯一の**巨大な動物だが，この地上に棲む獣物（けだもの）の中で最も立派だし，また最も聡明なものである。 … 』

解説 最もよく用いられる基本語の例である。この only の用法は次の②であるのに，①として訳されている。

① It is the **only** huge animal.（唯一の巨大な動物だ）
② It is **only** a huge animal.（単に巨大な動物にすぎない）

only は①では形容詞，②の「ただ～だ」は副詞用法である。

■この＜４＞の〔20〕～〔22〕では，基本語の例として，名詞・形容詞・副詞および接続詞(この場合は "even though" という「群接続詞」)の場合を見てきたが，さらに(a)前置詞 と (b)動詞の例を加えておく。

(a) "**For** someone who doesn't like airports, you seem to know a great deal about Heathrow."

── Graham Greene：*Travels with My Aunt*

「空港ぎらいの誰かさん**のおかげで**，叔母さんはヒースロウのことずいぶんよく知ってるようですね」

この **for** は「～にしては，～のわりには」の意で，「空港ぎらいに

しては…ずいぶんよくご存知ですね」

同じく someone を伴う形の文とその正しい翻訳例：

He moved fast **for** someone his size.

—— John Salter：*Big Ranch*

体の大きさ**のわりには**，その男の動きはすばやかった。

(b)　I believe you're a man who takes his prison with him —— I think you **follow** me.　—— Steve Erichson：*Rubicon Beach*

君は牢屋をもち歩くような男だ。私に**ついてきて**くれるだろう。

follow は「わかる，理解する」の意で用いることがあり，"Do you *follow* [me]?"（[私の言うことが] わかりますか）は，よく用いる会話表現である。上の文も「私の言っていることは**わかる**と思うがね」と，念を押してつけ加えたものである。

〔23〕 'From our experience, sir, nearly all the cases hooked on hard **drugs** begin with **pot**.'

「わたしの経験からすると，厄介な**薬**にひっかかりのある事件のほとんど全部が**壺**からはじまってますからね」

解説　ある単語が，一般的な意味のほかに，「口語」・「俗語」などとして用いられる意味をもつことがあるが，この **pot** もその一例である。**drugs** のほうの訳は，この語のふつうの二つの語義（「薬」；「麻薬」）について選択を誤ったものである。

両語とも，ここでは「麻薬，薬物」に関連して用いられているので，その他の語も合わせて，主な関連用語を整理しておく。

＊ **drug** は，「麻薬，薬物」を表わす一般語。

＊ **narcotic(s)** は，drug と同じ意味で用いられる正式用語。

- **soft drug**（弱い麻薬）——　marijuana [mæ̀rihwɑ́:nə]（マリファナ），など。
- **hard drug**（強い麻薬）—— heroin（ヘロイン），cocain（コカイン），など。

「口語」的または「俗語」的な語としてよく用いられるものとしては，「マリファナ」には **pot**，「コカイン」には **coke** があり，また **dope** は

「麻薬」，特に「マリファナ」の意でよく用いる。

● したがって，下線部の訳は次のようなものになる。

「強い**薬物**にはまる連中のほとんどは**マリファナ**から始めるのです」

■「口語・俗語」的な語義に関する例をもう一つ：

"I don't want to go back to a **shrink**."

"I wasn't talking about shrinks."

—— Bernard Malamud：*Dubin's Lives*

「また**萎縮**するのはいやだわ」

「萎縮するとは言っていない」

shrink はふつう「縮む」であるが，名詞としては **psychiatrist** [saikáiətrist]（精神科医）の意。語感からしても，いかめしい psychiatrist に対して，shrink のほうはいかにも口語的であり，時に，敬意を欠くニュアンスを帯びる。

したがって，上の会話は次のようなものである。

「また**精神科医**のところに行くなんてごめんだわ」

「精神科医のことを言ったわけじゃないよ」

〔24〕 There are always traffic **hold-ups** at this point.

乗り物の**強奪事件**は，いつもそこにきまってるけどね。

解説　この例は「合成語」の場合。（ただし holdup の形も用いる）

たとえば an armed hold-up といえば「武装強盗」である。この文は「この地点では交通渋滞がしょっちゅうだ」の意。

＜5＞　辞書で調べても誤訳しやすい場合

〔25〕 A car started.

It was **day**.

Tuesday.

A dog barked.
His wife shrugged deeper in the bed.

車が発進した。
昼間。
火曜日。
犬が吠えた。
妻はベッドの中で一瞬，大きく肩をすくめた。

解説 英和辞典では，**day** は幾つかの語義に分かれ，**night** の対照語としての項には「日中，昼間」という訳が示されている。しかし具体的には the period of time between when it gets light in the morning and when it gets dark（朝明るくなってから暗くなるまでの間）であって，夜が終わったあとの「朝」も含まれる。

[The] **day**（× night）is breaking.（夜が明けかかっている）〔*cf.* daybreak（夜明け）〕などもよく用いられる表現であるが，囲みの It was **day**. も「夜が明けた／朝になった」の意を表わし，「昼間」ではなく「朝」の情景を点描している。

このあと“彼”は，ひげをそり，バスルームをあとにして，キッチンに入って行く。

■次は，辞書に記されていても見落とされやすい場合である。

No one's got much to say in this town
Trouble is, the only way is down, down, down

この街では誰も多くを語らない
ただ「**トラブル**」だけが，奥底におとしめてしまうんだ

たいていの辞書には **The trouble is that ...**（問題は…だ，困ったことに…だ）とともに **Trouble is, ...** という形も示されているが，正式な形では間違えなくても，簡略形ではこの慣用表現に気づかないことがある。これは歌詞の一部であるが，下線部は，

「**困ったこと**は，どんどん落ちていく道しかないということ」

のような意味を表わす。

〔26〕 I shall proceed at once to tell you something about how I set about making money. But just in case some of you may be tempted to skip this **particular** section ...

いかにして金儲けに着手したかについて何か話して，ただちに先に進もう。諸君のなかには，この**特殊な**部分をとばしたいと思う人もいるかもしれない。

解説　**particular** は，英和辞典では「特定の，特別な，特殊な」などの訳が示されている。

しかし，この語の大切な用法は，文脈で特定されたものを指して「その，この」の意味を強める場合である。

この文でも，すぐ前で「自分の金儲けについて話す」と述べたのを受けて，「(私の話の) **この部分**」と指示するのに particular を用いたものである。

すなわち，この particular は「この**特殊な**部分」のように名詞を「修飾」する形容詞ではなく，指示関係を特定するだけなので，辞書に示されている「特定の，特別な」などの訳をそのまま修飾語として用いることはできない。単に「この，その」ですませるか，あるいは（あとに示す例のように）訳出しない場合もある。

● なお，I shall **proceed** at once **to** tell you something about 〜 は「〜について何か話して，ただちに先に進もう」ではなく，「ただちに〜のことに**話を進めること**にしましょう」の意。

〔proceed（= go on）to do は「〜することに移行する，さらに進んで〜する，次に〜する」〕

■ particular を含む文とその翻訳例。

... suddenly I remembered this **particular** song my mother used to play all the time where he does a talking passage in the middle of the song, ... —— Kazuo Ishiguro : *Nocturnes*

私は不意にある歌を思い出した。母がよく聞いていた歌，途中に語りが入る歌だ。

particular に直訳的に対応する訳はないが，どの歌であるかは，「制限的」な関係詞節を「継続的」な形でまとめた訳し方によって，明確に示されている。(この文の where は this particular song を先行詞とする関係副詞で，in which に置き換えられる)

これを「母がよく聞いていたこの特別な歌」のように訳せば誤訳になる。

〔27〕 You ㋑never notice me. You ㋺wouldn't see me if I sat down next to you. Oh. But not Grace. Perfect, darling Grace! It's like a light **comes off** her. ... That's what you ㋩like to say, isn't it?

ふたりともあたしがいるのに㋑気がつかなかった。きっと，すぐ隣にすわってたって，見向きもしてくれ㋺なかったと思う。だけど，グレイスはそうじゃない。完璧でかわいいグレイスはね！ あの娘から明かりが**消えた**ようだ……そう㋩言ってたでしょ?

解説 たとえば，① go *off* は「消える」，② turn *off* the light は「明かりを消す」であり，この文の a light comes *off* her の意味も，①，②に直結して「彼女から明かりが消える」となりそうに感じられる。

しかし，**off** は①と②（turn the light *off* の語順にもなる）では「副詞」であるのに対して，この文では her を目的語とする「前置詞」であるが，辞書でこの come off ～ という表現を見つけることはできない。

これは「[光が彼女] **から出てくる**」ことを表わし，下線部は「まるで彼女は光を放っているみたい」のように訳せる。この意味は，原文の何ページかあとに，彼女について次のような記述があることによっても確認される。

The child was like the sun rising.

(この子は昇ってくる太陽のようだった)

●なお，点線部は，それぞれ次のような訂正を要する。

㋑ →「いつも気づかない」　㋺ →「ないでしょう」

㋩ →「言いたいの」

■ off についての例をもう一つ：

He looked fitted out for some sporting occasion: in fact, he was **off** skiing shortly, like Deborah.

—— Doris Lessing : *The Fifth Child*

彼はいつでもスポーツのできる格好をしていた。実際，彼はデボラと同じく，つい先ごろスキー**から帰ってきた**ばかりだった。

これは off skiing を「スキーから離れて」のように off を「前置詞」に解しての訳と察せられる。実は go out shopping（買物に出かける）などに類した表現であるが，辞書では off ～ing の形がなかなか見つからない。shortly は「間もなく」の意なので，下線部の訳は「彼は間もなくスキー**に出かける**ことになっていた」のようなものになる。

＜6＞ でたらめ訳

〔28〕 Mom touched my hair, and I shrank from her. She pulled up my **sleeve**, and I almost shoved her away.

ママがあたしの髪（かみ）をさわるから，さっと逃（に）げた。それでも負けずに**パンツのすそ**をまくりあげたから，もうすこしでつきとばしそうになった。

解説 誤訳のなかには，理解不足や不注意に由来するミスというよりも，原文を無視した「いい加減な」もしくは「でたらめな」訳といえるようなものもある。意味もわかりきっている語，辞書を引けば間違えようのない語などを，訳者の恣意によって，原文の意味をまったく離れた（多くは，読者の通俗的な興味を引きやすいような，という意味での“パフォーマンス度”の高い）表現に訳し変えてしまう。翻訳の基本をはずれた邪道ともいえる訳し方である。

この文では，彼女の母がまくりあげたのは，「**そで**」であって「パンツのすそ」ではない。

■同類の誤訳例を一つ：

Her **rear end** was on fire but she bit her lip and kept going.

股間が火のついたように痛んだが，唇を噛み締めて走り続けた。

rear end は，一般的には「後部」，または口語的に「尻」(=bottom, buttocks）を表わし，ここでもその意味である。

〔29〕 ... his slight **puffing** when we climbed steps and his trying to conceal it.

彼は階段をあがったりする時かるい**おなら**をしても隠している。

〔30〕 He mentioned that his small daughter had that day **peed** over an important document.

幼い娘が重要書類を**破って**しまったといった。

〔31〕 She spoke lightly of small parts, odd jobs, **scene-painting** and understudying, in a jolly good-little-trouper's voice.

彼女は屈託のない下っ端女優といった口調で，端役だとか，雑用，**わんさガールの役**，代役といった経歴のことを気楽に話した。

解説〔29〕**puff** は「息を切らす」「おならをする」は **fart**。

〔30〕**pee**（over 〜）は「(〜の上に）おしっこをする」

〔31〕**scene-painting** は「(舞台の）背景画［作り］」「わんさガール」とは「大部屋女優，下っ端の女優や踊り子」のこと。

＜7＞ イディオム（熟語・成句）を間違えたもの

〔32〕 Daniel's doctors **run out of** local anesthetic during the procedure and curse about lack of supplies.

ダニエル担当の医者たちが，手術の途中で局部麻酔室**から飛び出してきて**，備品が足りないと悪態をつく。

解説 もし They **ran out of** the operation room. という文ならば，「彼ら

は手術室から**走り出た**」の意で，この run out of は熟語ではない。（なお，an operations room は「作戦本部室」）

local anesthetic は「局部麻酔」であって，「麻酔室」ではない。（なお，「全身麻酔薬」は general anesthetic である）

イディオムとしての **run out of** 〜 は「〜を使い果たす」の意で，下線部は「局部麻酔薬**を切らしてしまって**」が正しい。

■ run out of 〜 の対照表現としての **run into** 〜 が，やはりイディオムとして用いられた例も見ておく。

She saw herself slipping past him, out the door, almost **running into** Hank's pickup, as he churned up the muddy road from the mill.
—— John Salter : *Big Ranch*

彼の目を盗んで外に抜け出した彼女が，製材所から泥道をしぶきをまき散らしてやって来るハンクのピックアップトラック**に走り込もう**とする。

● 英文と翻訳文の対応が（特に She saw herself slipping 〜 の部分など）ややわかりにくいので，要約的に補って，問題の箇所を考えてみる。

「彼女は，彼のそばをすり抜け，ドアから外に出て，走ってくるトラックに自分が **run into** するさまを思い描いた」

run into 〜 は，二語を足しただけの意味は「〜に駆け込む」であるが，熟語としては ①「(人)と出くわす」(= meet by chance)，②「(物)にぶつかる，衝突する」(= hit, collide with) の意味を表わす。

この文も②の典型的な用例で，彼女は「自分があやうくトラック**にぶつかり**そうになる」様子を想像したのである。

〔33〕 Ben was already in a cot with high wooden slatted sides, where he spent his time pulling himself up to a sitting position, falling, **rolling over**, pulling himself up …

ベンはすでに，高い木の柵（さく）のついたベビーベッドに入れられていて，身を起こしてすわろうとしては，倒れ，**ころげまわり**，また身を起こそうとしては……

解説 辞書では，**roll** には「転がる，転げ回る，ぐるぐる回る」などの訳が並べられているので，roll over のほうもなんとなくそのような感じで訳してしまう誤訳が他にも見られる。

roll over は「寝返りをうつ；ひっくり返る」の意を表わし，下線部でも「（ごろりと）**寝返りをうち**」が正しい。

■ **turn over** も同じように用いられるので，それぞれの例とその正しい翻訳文を示しておく。(a) は男女の，(b) はナースと患者の，会話。

(a) "**Roll over**, David, and I'll give you a back rub," Lauren said, sitting up suddenly. —— Michael Palmer : *The Sisterhood*

「**うつ伏せになって**，デイヴィッド。背中を揉んであげる」急に起きあがってローレンは言った。

(b) "**Turn over**, Granny, that's a good girl."
"Very well, nurse." —— Muriel Spark : *Memento Mori*

「**あおむけになりましょうね**，グラニー，お利口さんだから」
「はいはい，看護婦さん」

＊ **That's a good girl** (**boy**). は「いい子だから（〜しなさい／〜しちゃいけませんよ）」といった感じで子供に言い聞かせる表現であるが，このように看護師が高齢の患者に向かって言うのは，この表現を大人に対して用いた典型的な場面の一つである。

■ roll の例を一つ。ある「笑話」の一部である。

The Japanese-American was a long-time customer at this restaurant because he had discovered that they made especially tasty fried rice. Each evening he'd come in he would order "flied lice."

This always caused the restaurant owner to nearly **roll** on the floor with laughter. —— Mr. "J" : *The World's Best Dirty Jokes*

その日系アメリカ人はそのレストランの長いあいだのお得意さんだった。この店の焼き飯が格別おいしかったからである。夕方やってくるといつも彼は「フライド・ライス」を注文した。

この注文を聞くたびに，店主は床の上を笑いころげんばかりになるのだった。

● 「笑いが止まらずに床の上にひっくり返ってごろごろころげ回る」ほどのおかしさを店主に感じさせたのは，“r”と“l”が区別できないで（fried rice のつもりで）発音された **flied lice** である。そのまま訳せば「飛ばされたしらみ」であるが，fly は名詞としての「はえ」も連想させる。（なお，lice は louse の複数形である）

〔34〕 Let's have a laugh **at Terence's expense**, I thought. That's what we're here for, after all —— to have some fun with him.

テレンスの出費を笑ってやろう，とぼくは思った。結局のところそのためにぼくらはここにいっしょにいるんだ —— 彼を適当にからかうために。

解説 **laugh** は **at** と結びついて「～を笑う」の意味を表わすことがあるのでやや紛らわしいが，ここでは **at ～'s expense** がイディオムになっている。「～」が名詞の場合は **at the expense of ～** の形もとる。三つの意味を区別できる。

①「～が費用を負担して」 ②「～を犠牲にして」
③「～をだし（さかな）にして」

① *at* the company'*s expense*, *at the expense of* the company（会社が費用を負担して，費用は会社持ちで）
② *at the expense of* my health（私の健康を犠牲にして）
③ He told a joke *at my expense*.
（彼は私をだしにして冗談を言った）

● 下線部も，「テレンスの出費」とは関係なく，「せいぜい**テレンスをこけにして**笑ってやろうじゃないか」のようなことをぼくは思ったのである。

■ at ～'s expense の，ふつうの訳とはやや趣を異にするが，文脈的な意味をよく伝える翻訳例を見ておく。

He was talking now —— telling a story of his own discomfiture and making everybody laugh ... **at his expense**.

—— Agatha Christie：*Curtain*

いまも彼は自分の失敗談を披露し —— **自ら道化となり**…みんなを笑わせているところであった。

〔35〕 No one asked why Hardy, of all people, secured the pass **in the first place**.

ほかにも申請者はいるだろうに，なぜ**まっさきに**ハーディに許可が与えられたのかとは，だれも訊こうとしなかった。

解説 次の三つを正しく区別しなければならない。

① **first**「最初に」〔↔ last（最後に)〕

② **at first**「最初は」〔↔ at last（最後には)〕

③ **in the first place**

㋑（列挙するときに）「まず第一に」〔*cf.* in the second［third］place（第二［三］に)〕

㋺（ふつう疑問文で）「そもそも〔なぜ〕」

① He arrived **first** and left last.

（彼は最初に着いて，最後に帰った）

② I didn't like him **at first**.（最初は彼が好きではなかった）

③ ㋺ Why did you agree to meet her **in the first place**?

（そもそもなぜ彼女と会うことに同意したのか）

● **of all ～** は「（いろいろある［いる］なかで）よりによって，こともあろうに」の意を表わす。〔⇨ p. 101〕

したがって，下線部の一般的な訳は「**そもそも**なぜ，よりによってあのハーディが立入り許可を手に入れることができたのか」のようなものになる。

〔36〕 I was tempted, I admit, to **hold my peace** and say nothing. But I reflected after a while that this was really only cowardice.

> 白状するが，この際なにも言わず，**平和を保ち**たいという気にならないではなかった。だが，すぐにそんなことは臆病者のみのすることだと考えなおした。

解説 **hold**（*or* **keep**）**one's peace** は「（言いたいことがあっても）黙っている，沈黙を守る」の意を表わす。改まった感じの表現であり，keep quiet や remain silent などに言い換えられる。

したがって，下線部は「**黙って**なにも言わないでいる」の意。

やや紛らわしい表現に **keep the peace** があり，この peace も「平和」ではなく「治安」の意を表わす。

The job of the police is to *keep the peace.*
（警察の仕事は治安を維持することである）

B 「文法・構文」に関連する誤訳

＜8＞ 冠　詞

> 〔37〕 The people he spoke with knew him, knew what he was looking for, knew the drill, but they couldn't help. No, they hadn't rented space to a Raymond Long in **the last year**. Yes, they'd give him a call if a Raymond Long came in.
>
> 電話に出た相手はエリーの名前を知っていたし，彼が何を求めているのかも，こういった場合の対処の仕方も心得ていた。しかし，役に立つ情報は得られなかった。いや，**昨年**レイモンド・ロングという人物にロッカーを貸したということはありませんね。わかりました，もしそういう名前の男が現れたら，電話を差し上げましょう。

解説 "彼" は "Erie" という名の殺人課の刑事。今日は定年による刑事生活最後の日である。殺人の容疑者として犯罪歴のあるレイモンド・ロングという男についての聞き込みから，署にもどり，町中の貸ロッカールームや貸倉庫に電話を入れ始めた。

下線部の the last year は，last year と区別する。

{ **last** year「昨年，去年」(前置詞なしで副詞として用いる)
{ in **the last** year「この1年間に」

● 下線部は，伝達動詞を省略した『描出話法』(Represented Speech) の形をとっているが，『直接話法』で表わせば，

They said, "No, we haven't rented space to a Raymond Long in the last year."

のようになる。次の Yes, ... の文も同様である。

● 人の名前に "a" が付いた形も，付かない場合と区別されなければならない。

{ Raymond Long「レイモンド・ロング」
{ **a** Raymond Long「レイモンド・ロングという人」

■ last week と the last week も同様に区別される。

"A couple of times **the last week** I've wondered what it would have been like to meet you first."

—— T. J. Parker：*Easy Street*

「**先週**，二度ほど，あなたに先に会っていたらどんなだったかしらと思った」

a couple of ～ は《英》ではたいてい「二つの，二人の」を表わすが，《米》では「不特定の少ない数」について "a few ～" ぐらいの感じで（より口語的には of を省略した形で）用いることも多い。

Let's wait **a couple** more minutes.

(あと何分か待っていようよ)

ここでもそのように解して，下線部を次のように訳してよい。

「**この一週間**いく度か（～と思った)」

〔38〕 Within their magic capes that her mother had made they were indeed birds **of a feather**.

ゼデがつくった魔法のケープの中で，二人は**羽根の生えた**本物の鳥のようだった。

解説　“Birds of a feather flock together.” は最もよく知られた諺の一つである。不定冠詞 “**a**” は，幾つかの大切な用法が区別されるが，このa feather の場合は「同じ」(the same) の意を表わす。そのまま「同じ羽の鳥は群れ集まる」と訳され，「類は友を呼ぶ」という日本語の諺が当てられる。

囲みの文では，彼女の母（ゼデ）が作ったケープには feather（羽）が材料に使われており，ここの birds of a feather はそのこともかけて用いられた表現であるが，この文は，そのケープをまとった二人が「羽根の生えた本物の鳥のようだった」と言っているのではない。直訳すれば下線部は「二人はまさに**同じ羽の**鳥だった」となる。

辞書では “birds of a feather” はイディオムとして扱われ，「同類の人たち，似た者同士」などの訳が，一般的な意味を表わすものとして示されている。「同じ穴のむじな」を記す辞書もあるが，これは独特のニュアンスをもつので，文脈を選んで用いなければならない。

＜9＞　修 飾 関 係

〔39〕 He walked into her bathroom, **naked**, and she was in the tub, her whore's face smiling. She turned her head and saw him and said, “Daniel, darling! What are you ——?”

He carried a pair of heavy dressmaker's shears in his hand.

少年は母親がいる浴室へ入った。**裸で**浴槽に浸かっている女は，娼婦の笑みを浮かべている。気配に気づいた母親は，首を回して息子を見た。

「ダニエルじゃないの！　ダーリン，何を——？」

少年は重く大きな断ちバサミを手に持っていた。

解説　下線部の英文は and が二つの節をつないでいるが，naked は前の節に属する。したがって前半の訳は次のようなものになる。

{少年は，裸で，母親がいる浴室に入った。
 少年は母親がいる浴室に入った ── 裸で。

● **naked** と **nude** は「全裸」の状態を表わす。

a *naked* woman（裸の女），a *nude* model（ヌードモデル）

ただし，**naked** は体の一部や，他の物についても用いる。

naked breasts（露(あら)わな胸），a *naked* sword（抜き身の刀）

● なお，動詞の過去分詞の **baked**［beikt］の（［k］のあとの）-ed の発音と異なり，形容詞の **naked** は［néikid］と発音される。wicked［wíkid］（邪悪な）も同様である。

〔40〕 ... a lady of indeterminate age, her hair radiantly ash blonde, her nails scarlet, her dress a charming (and expensive) printed silk, beating time to the music with her hand, a smile of pleasure **on her pretty face**.

…年齢のわからない夫人がいた。髪は輝くばかりの銀色がかったとび色で，爪は真っ赤に塗り，美しく（高価な）プリントのシルクのドレスを着て，**自分の美貌に**ほほえみながら音楽にあわせて手で拍子をとっている。

解説　この下線部は，with a smile of pleasure on her pretty face のように『付帯状況』を表わす **with** を補って解することもでき，「**彼女のきれいな顔に**ほほえみを浮かべて」の意を表わす。この on her pretty face という『前置詞句』は，次の例と同じように『副詞句』として用いられている。

She watched the children with a smile on her face.
（彼女は顔にほほえみを浮かべながら子供たちを見守った）

● 同じ on her face でも，次の文では『形容詞句』である。

A smile on her face showed that she was pleased.
（彼女の顔に浮かんだほほえみが，彼女が喜んでいることを示した）

■趣は異なるが，次は副詞的修飾語を形容詞的に訳した例：

Just a lot of faces, old Chinese women in scarves and bareheaded Latinos and their wives <u>and **here and there** a child</u>, all watching from the edge of the boat ...

—— Steve Erickson：*Rubicon Beach*

様々な顔だけが見えた。スカーフを被った中国人の老婆たち，ラテン系のはげたおやじとかみさん，<u>**ちょこまか動き回っている**子ども</u>などが船のへりからこちらを見ていた。

● here and there は「あち[ら]こち[ら]に，そこここに」の意を表わすイディオムで，下線部以下は，

「<u>そして**そこここに**子供の姿</u> —— みんな船のへりからじっと見ていた」

のような訳になる。

● なお，英語では here が前，日本語では（there に相当する）「あち[ら]，そこ」が前，という語順はそれぞれ固定している。

<10>　文型・文構造

〔41〕 <u>**Thus** was the world given T. S. Garp</u>; born from a good nurse with a will of her own, and the seed of a ball turret gunner —— his last shot.

<u>**かくのごときが** T. S. ガープにあたえられた世界だった</u>。優秀な看護婦から，彼女自身の意思と球状銃座の射手の最後の一発の精液（たね）でもって生まれたガープの。

解説　この訳文は，英文を，Thus が代名詞として用いられて文の主語になった“**S**(Thus) + **V**(was) + **C**(the world)”の文型の文と解してまとめられている。

しかし，**thus** は in this way（このようにして，かくのごとくして）の意を表わす副詞であり，この文では倒置されて文頭に置かれたものである。thus を in this way に言い換え，ふつうの語順で表わせば，次のようになる。

The world was given T. S. Garp **in this way**.

（世界はこのようにしてT. S. ガープを与えられたのである）

つまり，「T. S. ガープはこのようにしてこの世に生まれてきたのだ」ということを述べている。

● この英文の Thus を代名詞 Such で置き換えれば，翻訳文の意味が成り立つ。

Such was the world given T. S. Garp.

（T. S. ガープに与えられた世界は**このようなもの**であった）

このSuchも倒置形で文頭に置かれたものであり，この文の主語は the world であって，Such は主格補語である。よく用いられる次のような文と同じである。

Such(C) is(V) life(S).

（人生とは**そんなものだ**）

〔42〕 In one of my dreams I was saying to my family, **I would not be seeing them for a while**, I was going away. *I'm going away, I want to say goodbye.* Their faces were blurred.　（イタリック体は原文どおり）

夢の中で，わたしは**しばらく会えないでいる**家族に言葉をかけようとしていた。わたしは遠くへゆこうとしているのよ，と。〝もうお別れだから，さようならを言いたいの〟家族の顔はぼうっとかすんでいた。

解説 訳文では，I would not be seeing them for a while が my family を先行詞とする『接触節』（すなわち関係代名詞が省略されて関係詞節がじかに先行詞にくっつく形）と解されているが，それならばコンマ（,）と them があってはならない。

この英文は，もちろん，say の目的語になる名詞節を導く接続詞 that が省略されたもの（I was saying to my family [*that*] I would not be seeing them for a while）であって，下線部は，

「私は家族に，**しばらくは会えないだろう**と言っていた」

のような訳になる。

■上の例では，英文には含まれない関係詞節が訳文のほうにまぎれ込ん

でしまっているが，次の例では，英文にれっきとして存在する関係詞節が訳文ではすっかり姿を変えて処理されている。

Lauren had over three thousand pounds, cash, stuffed in the coffee pot **she never used**.

—— Paul Theroux：*Doctor Slaughter*

ローレンは，すでに現金で三千ポンド以上持っていた。お金はコーヒーポットに突っ込んだまま，**全然つかってなかったのだ**。

● she never used は，the coffee pot を先行詞とする関係代名詞 that または which が省略された『接触節』であり，訳文は次のようになる。

「ローレンは，三千ポンド以上の金を，現金で持っていて，**全然使っていない**コーヒーポットに詰めこんであった」

<11>　強 調 構 文

〔43〕 If a client didn't like my father's manner or his estimates, he could go elsewhere. My father wouldn't have cared. Perhaps **it** is freedom, of speech and conduct, **which** is really envied by the unsuccessful, not money or even power.

建築の依頼者がもし父の態度や見積りが気にくわなければ，ほかのものに頼めばいいのだ。父はいっこう気にかけはしなかっただろう。たぶん**それが**言葉や行動の自由というものかも知れない ….. **そしてそれが**実は ….. 金の点でも ….. いや，権力の点でも ….. 成功者になれなかったものたちの嫉妬を招いたのだ。

解説　訳文では，it は「それ」，which は関係代名詞と解されているが，正しくは it is ～ that (which) ... (…なのは～だ）という形の『強調構文』である。

この文は，強調される要素が「AであってBではない」のように表わされる場合で，その形式を一般的な例で示せば：

(a) **It is** not help but obstacles **that** make man.
(b) ① **It is** obstacles, not help, **that** make man.
　② **It is** obstacles **that** make man, not help.

(a) 人間を作るのは援助ではなく障害である。
(b) 人間を作るのは障害であって援助ではない。

囲みの下線部も(b)-②の形をとった強調構文であって，部分的に省略して示せば：

(a) **It is** not money but freedom **which** is envied … .
(b) ① **It is** freedom, not money, **which** is envied … .
　② **It is** freedom **which** is envied … , not money.

(a) 羨(うらや)ましがられる**のは**金ではなく自由だ。
(b) 羨ましがられる**のは**自由であって金ではない。

●したがって，囲みの下線部の訳は次のようなものになる。

「おそらく，成功しない人々が本当に羨ましく思う**のは**，自由 ── 言論や行動の ── であって，金でも，あるいは権力でさえもない」

■この構文で強調される要素は，この文のように名詞である場合が多いが，その他の要素が強調されることもよくある。

It was then I think **that** I really fell in love with him.

── Edna O'Brien：*The Love Object*

その頃だった，私がほんとうに彼を恋していたと思った**のは**。

●この文で強調されているのは“then”（その頃）という副詞要素である。ただし“I think”は挿入的に用いられたものであるから，この翻訳のように「～と思ったのはその頃だった」とは訳せない。直訳的には次のようになる。

「私が彼と恋に落ちた**のは**，思うに，その頃だった」

■強調される要素によっては，「…なのは～だ」に類した訳し方で処理できない場合もある。次は“with ～”という副詞句が強調された文とその翻訳例。

It was with these muddled and unaccustomed ideas in my mind **that** I awaited for the arrival of my aunt for dinner.

—— Graham Greene：*Travels With My Aunt*

わたしはいつになくそうしたことをあれこれ考えながら，叔母が夕食にくるのを待っていた。

● muddled「混乱した，とりとめのない」 unaccustomed「慣れていない，いつもと違う」

＜12＞　関係詞節を含む構文

〔44〕 We spend hours at the Veterans's Hospital waiting for appointments. Finally they schedule the operation. I watch the black-ringed wall clock, the amputees gliding by in chairs **that tick on the linoleum floor**.

治療の順番が来るのを待ちながら，わたしたちは退役軍人病院で何時間も過ごす。やがて手術の日取りが決まる。丸い黒枠に入った壁の時計や，車椅子に乗り，**かたかた音をたてながらリノリウムの床を通りすぎてゆく脚のない患者**の姿をわたしはじっと見ている。

解説 下線部の関係代名詞‘that’の先行詞がthe amputees（［腕・手・脚・足・指などの］切断手術を受けた人）として訳されているが，正しくはchairsであって，リノリウムの床を音を立てて動くのは「患者」ではなく「車椅子」である。下線部は次のような訳になる。

「**リノリウムの床を静かな音を立てて動く車椅子**に乗って通り過ぎる切断手術を受けた患者」

● **tick** は，典型的には「［時計が］かちかちと音を立てる」であるが，このように立てる音が『擬音語』的に訳される語の主な例：

clatter「かたかた」	bang「ばたん，ずどん」
creak「きーきー」	clang「がらん，がちゃん」
rattle「がたがた」	clink「かちん，ちりん」
rumble「ごろごろ」	slam「ばたん，ぴしゃり」
tap「とんとん，こつこつ」	thud「どしん，ずしん」

〔45〕 "There's nothing I can confess to you I haven't confessed a thousand times to myself."

「告白することなんて何もないよ。告白なんて自分だって何度もしているわけじゃないんだから」

解説 二つの関係詞節が同じ一つの先行詞を修飾することがあり，これはふつう『二重制限』と呼ばれる。

There is nothing [**that**] you can do **which** I have not already done. (君にできることで，僕がまだやってしまっていないことは何もない)

●一般に，二つの関係代名詞のうち前のほうは省略されることがよくあるが，囲みの下線部では両方とも省略されている。

There's nothing [*that*] I can confess to you [*which*] I haven't confessed a thousand times to myself.

(あなたに告白できることで，私が何千回も自分に告白していないことは何もない)

■二種の二重制限と翻訳例を見ておく。

(a) "Nothing more you want to know that we could tell you?"

—— Agatha Christie：*Postern of Fate*

「ほかに，われわれがお話しできることで，お知りになりたいことはありませんか？」

＊ふつうの疑問文の形にして，省略されている関係代名詞を補えば "*Is there anything* more *that* you want to know ...?" となる。

(b) "If you don't mind, there's one thing I have to point out that you haven't learned."　—— Saul Bellow：*The Victim*

「気にしなければ，いっておきたいことがある。きみが，その年齢になっても，学びとっていないことだ」

＊ふつう，二重制限の文を訳す場合，前の関係詞節（I have to point out）のほうを先に訳す形になるが，この文では（次に示すように）後の節（that you haven't learned）を先に訳す形のほうが自然である。

「…悪いけど，君がまだ学んでいないことで，言っておかなければならないことが一つある」

<13> 時　制

〔46〕 We were sitting on the bed, naked, eating smoked-salmon sandwiches. I **had lighted** the gas fire because it was well into autumn and the afternoons got chilly.

私たちは裸のままベッドに腰をおろして，スモークド・サーモンのサンドウィッチを食べた。もう秋も深まって，午後はかなり寒かったのでガスの火を**つけた**。

解説 下線部の時制は had lighted と過去完了なので，私はガスストーブを「[その前にすでに] つけておいた」のである。

● なお，**gas fire** は文字どおりに「ガスの火」を意味することもあるが，ここでは「ガス暖房器，ガスストーブ」のこと。

「ガスストーブ」は《米》gas heater,《英》gas fire である。

また，**gas stove** は（ガスストーブではなく）「ガスレンジ」であって，《米》で gas range,《英》で gas cooker ともいう。

■過去完了に関する例をもう一つ：

How many times this late spring I have feared the lilacs **had been** frost-killed, but in the end they were as glorious as ever before. —— May Sarton：*Journal of a Solitude*

この春の終りごろになって何度ライラックが**霜でやられる**ことを心配したか知れないが，ついには今までと変わらず輝かしく咲いてくれた。

● ライラックが「霜でやられること（＝やられるのではないか)」ではなく，「霜でやられてしまったのではないか」という懸念をいく度となく抱いたのである。

■**“I'd”** は “I would (should)” と “I had” の縮約形であるが，この区別をうっかり誤ることもある。

"Damme, there's a rabbit nibbling the bark of those young fruit trees. Thought **I'd wired** the place."

—— Agatha Christie：*Curtain*

「ちくしょう，兎のやつが果樹の若木の皮を食っておる。あそこは**針金で囲っておこう**と思っていたのだ」

● 「針金で囲っておこうと思っていた」は "[I] thought I'd (< **would**) **wire** ..." に対する訳である。ここは I **had wired** という過去完了の縮約形であるから，訳文は「あそこは**針金で囲っておいた**と思ってたんだがな」のように区別される。

〔47〕 "You **aren't being** fair, girl," said Dorothy.

「あなたは，**いつも**フェアじゃ**ない**わね」と，ドロシーがいった。

解説 この種の『進行形』については，次のような区別に注意しなければならない。

(a) She is very kind.（彼女はとても親切だ）

(b) She is being very kind today.（彼女は今日はとても親切だ）

(a) は，彼女が「親切な人柄」の人であることを述べている。

(b) は，彼女の「一時的な状態」を述べており，場合によって「いつになく今日は親切」の意を含むこともある。

●囲みの下線部でも，ドロシーは，その時点における「あなた」の言動について「あなた［がしていること（言っていること)］はフェアじゃないわね／それって公平じゃないわね」と言っているのである。いつものあなたがフェアであるかないかは述べられていない。

■同じ進行形の，趣の変わった翻訳例を一つ：

'Don't be rude to the man, honey.'

'I'm not being rude.'

'Don't make fun of the man's name, honey. That's a good girl.'

—— Kazuo Ishiguro：*Nocturnes*

「無礼はいかんよ，ハニー」

「無礼？ わたしがいつ？」

「名前をからかってはいかん。レディのすることではない」

● 「わたしがいつ［無礼な振舞いをしたというの］」という疑問文は「失礼なまねなんかしていないわ」という一般的な平叙文の訳に通じる。

なお，**That's a good girl** (**boy**). は，ふつう「いい子だ[から]ね」などと訳され，子供やペットなどに行儀よく振舞うことをほめながら促す表現である。

＜14＞ 比 較 表 現

〔48〕 "You aren't really going to have **four more** children?" enquired Sarah, sighing.

「本当は，**四人以上**，子供をつくる気なんかないんでしょう？」とセアラは，溜息(ためいき)まじりに訊ねた。

解説 four more children は「あと四人の子供」であって，「四人以上の子供」は more than four children である。「あと～，もう～」には another を用いることもある。

(a) We'll have to wait { **three more** weeks. / **another three** weeks. }

（**あと三**週間待たなければならないだろう）

(b) We'll have to wait **more than three** weeks.

（三週間**以上**待たなければならないだろう）

〔49〕 He asked if we could meet, if, and he said this so gently, my nerves were steady enough? I said my nerves **were never better**.

もし，また会いたいとやさしくいってきたら，私の気もちは平静でいられるだろうか？　私は神経が**よくならない**のだといった。

解説　この訳文は全面的な訂正を要するが，下線部の比較級表現については次の区別を認めておかなければならない。

(a) I have never been **happy**.
(b) I have never been **happier**.

(a)「私は今までに**幸せ**であったことがない」
(b)「私は今まで**こんなに幸せ**であったことはない」

(b)では自明の比較対象が省略されているが，補えば：

I have never been happier *than I am now.*
(今ほど幸せであったことはない［今が一番幸せだ］)

●したがって例文の下線部も「私の神経がこんなによい状態にあったことはない」［今が最もよい状態にある］

●囲みの英文は『間接話法』の形をとっているが，参考までに『直接話法』で，全文を訳し替えておく。

彼は尋ねた。「会えないだろうか ── もし」と彼はいとも優しい口調でつけ加えた。「君の神経がすっかり落着いていれば，だけどね」

私は言った。「私の神経の具合は**上々**だわ」

■正しい翻訳例を一つ：

"I may be thirty-one but I've never been prettier. I'm thin and I'm tan ... "　── Barbara Milton：*The Cigarette Boat*

「あたしは三十一よ，でも今がいちばんきれいだわ。スマートだし，きれいに焼けてるし…」

<15>　否 定 表 現

〔50〕 She did, however, enjoy the people sitting around and talking, the sociable atmosphere, and **in no time** she was sharing meals and sitting around with them.

それでも，彼女は，みんなが輪をつくって話に興じている，社交的雰囲気（ふんいき）を楽しがっていたにもかかわらず，みなと食事をいっしょにしたり，仲間に加わるようなことは**決してなかった**。

解説 この訳文では in no time が never と同じような意味を表わすものと解されているようであるが，in no time は in a moment などに類した表現である。

in a moment（**second**，**minute**）が「一瞬（一秒，一分）で」という文字通りの意味から，「（きわめて短い時間内に→）すぐに，あっという間に」の意で用いられるように，**in no time** も「（無に等しい時間で→）たちまち，またたく間に」（very soon, very quickly）の意を表わす。

● **sit around** に関しては，次の区別を認めておく。

sit around a fire〔around は前置詞（～の回りに）〕
「火を囲んで座る」

sit around〔around は副詞（周りに，その辺に）〕
《文字通りには》「そのあたりに座る」
《慣用句として》「なにもしないで［座って］いる，ぶらぶらしている，慢然と時間を過ごす」

●したがって，囲みの英文の訳の一例は次のようなものになる。

彼女は，しかし，なにするでもなくおしゃべりに興じている人たちや，その場のなごやかな雰囲気が気に入り，**たちまち**その人たちと食事を共にしたり，いっしょに時間を過ごしたりするようになっていた。

●この in no time に対して，at no time は「（いかなる時にも～しない→）決して～しない」（never）の意を表わす。多く文頭に用いられ，『倒置』を伴う。

At no time *did* she *share* meals with them.
（彼女は決してその人たちと食事を共にすることはなかった）

〔51〕 Harriet was thin, red-eyed, haggard. Once again she was bursting into tears over **nothing** at all. The children kept out of her way.

　ハリエットはやせて，目を赤くし，やつれ果てていた。もう二度と，彼女は**つまらぬこと**で泣き出すことは**なかった**。子供たちは，彼女の目につかないようにした。

解説　nothing は否定詞の場合と，そうでない場合がある。

(a) He is afraid of **nothing**.（彼は何も恐れない）〔否定文〕

〔= He is **not** afraid of **anything**.〕

(b) Sometimes he gets angry about **nothing**.　〔肯定文〕

（ときどき彼は何でもないことに腹を立てる）

(a) は「何も～ない」という否定の意を表わす代名詞。

(b) は「ささいなこと，とるに足りないこと」の意を表わす名詞。

●次の二つも区別しておかなければならない。

once again「もう一度（～する），またしても（～する）」

never again「もう二度と～しない」

したがって，囲みの下線部の“Once again ～”に対する「もう二度と～することはなかった」という訳も適当ではない。

●翻訳文では nothing の (a)『否定詞』と (b)『名詞』の両方の意味を合わせた形になっている。正しくは (b) であり，下線部は次のような意味を表わす。

またしても彼女は全く**何でもないこと**で突然泣き出すようになっていた。

〔52〕“I've done that already. On the phone when they called. They don't trust you and they don't like you.”

“Hard to imagine, **isn't it**,” I said.

「それは，もうやったわ。彼女たちから電話があった時に。彼女たちは，あなたを信用していないし，あなたを嫌ってるわ」

「想像し難いこと**ではないな**」私がいった。

解説 「それは，もうやったわ」の「それ」とは，「私」が信じるに足る人間であることを彼女たちに保証すること，である。

『付加疑問』（Tag Question）は，原則的に：

(a) 肯定文を受けるときは否定形（〜, **isn't** it, *etc.*）

(b) 否定文を受けるときは肯定形（〜, **is** it, *etc.*）

(a) では「〜ですね」と肯定内容を，(b) では「〜ではないですね」と否定内容について，念を押したり同意を求めたりする。

(a) He **is** stingy, **isn't** he?（彼はけちですね）

(b) He **isn't** stingy, **is** he?（彼はけちじゃないですよね）

- 下線部は［That's］hard to imagine という肯定文を受けて，付加疑問は否定形になり，「［それは］想像し難いこと**だね**」の意を表わす。
- 付加疑問は，(a) **下降調**（↘）に読めば，確かだと思うことについて念を押す気持が表われ，(b) **上昇調**（↗）では，不確かなことについて相手の同意を求める疑問文の意味を表わす。

■否定文を受ける付加疑問の文と，その翻訳例を見ておく。

The sun had gone in behind some clouds. She looked up from the page and smiled.

"It's **not** so bad here, **is it**?" she said.

Samuel shrugged.

—— Adam Haslett：*You Are Not a Stranger Here*

太陽は雲に隠れていた。母親は本から目を上げて微笑んだ。

「ここはそんなに悪いところ**じゃないでしょ**？」

サミュエルは肩をすくめた。

- **shrug**［**one's shoulder**］（肩をすくめる）は，「よく知らない，どうでもいい，しかたない」といった不確か・無関心・あきらめなどを表わすしぐさである。ここでも，サミュエルは，はっきりと同意・否定するのではなく，言葉で言えば「さあどうだか」程度の反応を示したわけである。

<16>　準動詞（不定詞・分詞・動名詞）

〔53〕 'Not me,' I said, ①**trying to make** amends. ... While she was wondering whether to believe me, ②**I tried changing** the subject.

「おれは違うぜ」とぼくは，①埋め合わせを**するつもりで**言った。…　はたしてこの言葉を信じていいのかどうか，相手が思案しているあいだに，②ぼくは話題を**変えようとした**。

解説 try は不定詞と動名詞の両方を目的語にすることがあるが，両者の意味の違いを正しく区別しなければならない。

{ **try to do**「～しようと試みる（努める）」（= attempt）
{ **try doing**「ためしに～してみる」

He tried to stand on his head, but couldn't.
（彼は逆立ちしようとしたが，できなかった）

If the car won't start, try pushing it.
（エンジンをかけても車が動かなければ，押してみなさい）

- 囲みの例で，下線部①の不定詞のほうは「埋め合わせをしようとして」の意で訳文は正しいが，②の動名詞のほうは「ぼくは話題を**変えてみた**」でなければならない。
- **remember** と **forget** も不定詞と動名詞の両方を目的語とするが，次のように意味が区別される。

remember / forget } **to do**　**～するのを** { 覚えている / 忘れる

remember / forget } **doing**　**～したのを** { 覚えている / 忘れる

I must remember to post the letter.
（手紙を投函することを覚えていなければならない［忘れないで投函しなければならない］）

I remember posting the letter.
（私は手紙を投函したことを覚えている）

〔54〕 I'd lived in a cell **too** long **not to** know the real thing.

独房に長居**しすぎて**何が本当のことか**わからなくなった**。

解説 too ～ to do と too ～ not to do の区別：

He is **too** stupid **to** understand this.

（彼は［これを理解するには愚かすぎる→］とても愚かな**ので**このことが理解**できない**）

He is **too** clever **not to** understand this.

（彼は［これを理解しないには頭が良すぎる→］頭がいい**ので**このことが理解**できる**）

●したがって，囲みの文の訳は次のようなものになる。

「私は長いあいだ独房で暮らした**ので**，本当のことが**わかる**ようになっていた」

■正しい翻訳例を，同一文につき二種見てみる。

The tension had been **too** stupefying while it lasted **not to** leave some mental effects behind it.

—— Saki：*The Byzantin Omelette*

(a) 危機がつづいている間の緊張が，**あまりに**圧倒的だった**ので**，いくらかの精神的影響を残さ**ずにはすまなかった**。

(b) その重大危機に直面している間の緊張がひどかった**ので**，多少の精神的影響はまだ残ってい**た**。

● (a) は，「あまりにも～なので…しないではおかない」というこの表現のニュアンスが具体的に訳出された例である。

〔55〕 The man in the panama hat offered his arm and, **with** Jennifer **holding** her mother's jacket, they processed into the dining room.

パナマ帽の男が手を貸して，ジェニファー**といっしょに**母親の上着を**つかみ**，三人は食堂へ入って行った。

解説　with Jennifer holding ～ は『付帯状況』を表わす『分詞構文』で，with は省略されることもある。

He would often read aloud, [**with**] his wife **knitting** by his side.
（彼はよく，そばで奥さんが編み物をしているところで，声を出して本を読んだものだった）

● したがって，囲みの文の and 以下の訳は「ジェニファー**が**母親の上着を**つかみながら**，三人で食堂に入って行った」となる。

<17>　省 略 表 現

〔56〕 "Been trying to get some of these cursed wood pigeons. Do a lot of damage, you know."
"You're a very fine shot, I hear," I told him.

「ジュズカケバトのやつを追っかけまわしていたんです。まあ相当の損害を与えてやりましたよ」
「射撃にかけてはたいへんな腕前だと聞いていますが」

解説　下線部は主語が省略されているが，補えば［*They*］do a lot of damage であって，「［これらのハトは］大きな損害を及ぼすのです」の意を表わし，訳は「とてもひどい被害を受けているんですよ」のような形にすることもできる。翻訳文に対応する英文なら "［*I*］did a lot of damage [*to them*]." のようなものとなる。

〔57〕 At times he cautioned himself, Mitka, this will have to end or **you will**, but the warning did not change his ways.

ときどきは，自分に向かって忠告した── ミトカ，こんな状態はやめないとだめだぞ，**さもないと**── しかしその警告も自分の行動を変える力はなかった。

解説　この下線部では，助動詞のあとの動詞が省略されている。すなわち，

すぐ前の文の動詞を繰り返さずに省いたもので，補えば，

this will have to end or you will [*end*]

であり，直訳は「このようなことは終わらなければならない，**さもなければお前のほうが終わってしまうだろう**」である。

●別の翻訳書では次のように訳されている。

ときおり彼は自らをいましめた。ミトカよ，こんな生活はやめなくてはいけない。**さもないと破滅だぞ**，と。しかし，こんないましめで，生活態度は変わりはしなかった。

〔58〕 "I saw a woman decapitate a man tonight," I said after a moment.

He didn't miss a beat. "Yes?"

"'Yes?' It's not enough?"

"It's not enough," he said. He took my coffee cup from my other hand and threw it on the ground. "**Not** without a body, with or without a head."

「今夜，女が男の首をはねるのを見たよ」

しばらくしてからつっこまれた。「で？」

「でって，それで充分だろ」

「充分じゃない」彼は私からコーヒーカップをとりあげて地面に投げ捨てた。「体がなかったんじゃ**ない**のか。頭があったのかなかったのか」

解説 not は，先行する否定文を受けて，一語だけでその否定内容を表わすことがある。この文で省略要素を補えば，

[*It's*] **not** [*enough*] without a body

となり，下線部は，

「頭がついていようがいまいが，死体がなければ**十分じゃない**」

の意を表わす。殺人を目撃したという言葉だけで，犯罪が実際に行われたということを確定することはできない。

■同じ用法の not を用いた文とその翻訳例：

Guy said, "The Gulf might be awkward for me."

"**Not** if you want to do business," she said.

—— Paul Theroux : *Doctor Slaughter*

ガイが言う。「ペルシャ湾はちょっとぼくの手には負えないかもしれない」

「商売するつもりなら，**そうかもしれないわ**」とローレン。

● この文でも，省略要素を補えば，

"[*The Gulf is*] **not** [*awkward for you*] if you want ..."

であり，「商売したいのなら，ペルシャ湾岸諸国がやりにくいってことな**い**わよ」の意を表わし，省略的には「そうかもしれないわ」ではなく，「そんなことないわ」となる。

「原書」の誤植　(4)

⑧ ... we all sat around in our wet swiming-clothes ...

(Roald Dahl : *Switch Bitch*)

⑨ ... I left our card behind.

(Graham Greene : *Doctor Fischer of Geneva or the Bomb Party*)

⑩ I don't like your volence, ...

(P. D. James : *An Unsuitable Job for a Woman*)

⑪ ... the support she was not receiving ...

(Arthur Hailey : *Strong Medicine*)

⑫ ... long dead through all her bandages, ...

(Margaret Drabble : *The Waterfall*)

● ⑧ swiming → swimming（私たちはみな濡れた水着のままで座っていた）

⑨ card → car（私は車をそこに乗り捨てておいた）

⑩ volence → violence（私はあなたの暴力がいやだ）

⑪ not → now（彼女が今得ていた支持）

⑫ bandages（包帯）→ bondages（もろもろの束縛によって長いあいだ死んだも同然の状態にあって）

<18>　挿 入 要 素

〔59〕 The man doesn't know anyone at the bar or, **if they're at a party**, in the room, but the woman knows most of the people there, and she gladly introduces him.

　男はバーにいる人を誰一人知らないし，その部屋に集まって**パーティをしているのかどうか**も知らない。でも，女のほうはそこにいる大方を知っていて，嬉しそうに男を紹介して歩いた。

解説 挿入的な要素を区切る句読点は，コンマ（，）とダッシュ（—）である。

　ダッシュのほうは用法が限られているので，すぐ挿入とわかる。

　コンマは，いろいろな区切りに用いられるので，文中に幾つか並んだとき，それぞれの用法の区別を誤ることがある。

● この翻訳文では，if 節を，

　The man doesn't know anyone ... or [doesn't know] if they're at a party ...

のように，know の目的語と解して訳されている。が，実はこれは挿入節であり，他のコンマとはっきり区別するために，この節をはさむ二つのコンマをかっこに置き換えて，次のように表わしてみればわかりやすい。

　The man doesn't know anyone at the bar or (if they're at a party) in the room.

この英文の構造を，日本語でわかりやすく示せば：

その男は	バーにいる， あるいは（パーティでならば） 部屋［会場］にいる，	人をだれも知らない。

まとめておけば：

「男はバーにいる人を，あるいはパーティの場合なら，部屋にいる人を，だれも知らない」

at the bar は「(酒場の) カウンターに [いる]」の意にも解せる。

■英語の挿入表現は，日本語ではかならずしも同じように挿入的に訳をまとめられるとはかぎらない。翻訳例を見てみる。

But she was shy, unable to assert herself, and, she was convinced, easily overlooked.

—— Doris Lessing : *The Golden Notebook*

[しかし彼女は] 内気で押しがきかず，すぐ見すごされると自分では思っていた。

● she was convinced（自分は思い込んでいた）は挿入表現であって，she believed ぐらいに言い換えてみてもよい。思い込んでいる内容はそのあとの「無視されやすい」だけである。訳文では「自分では思っていた」が最後に置かれているので，「内気で押しがきかず」も思っていた内容と受け取られやすい。次のように工夫してみることができる。

「内気で押しがきかず，自分では人に無視されやすいと思い込んでいた」

〔60〕 'God, the suffocating boredom of those perambulations round the Round Pond! Be grateful, **privileged little bastard that you are**, that you were spared them.'

「あーあ，あの丸池のまわりを回る散歩の退屈なことといったらなかったよ！ きみはあんなことはさせられなかった。**私生児という自分の身分**に感謝するんだね」

解説 二つのコンマにはさまれた六語は挿入要素である。すなわち，

Be grateful (, ... ,) that you were spared them.

としてみればよくわかるように，挿入部分を省けば，

「そんなことしないですんだことを感謝しなさい」

ということを述べている。〔them = those perambulations〕

● **privileged little bastard that you are** は，たとえば短い例では "You lucky dog!"（運のいいやつだ，果報者め）などのように，相手をさして露骨な調子で言う言葉を挿入したものである。

bastard は，大別して (a)「私生児」と (b)「やつ，野郎」の意を表わし，ふつうは (b)の意味で "You poor [lucky] *bastard*!"（おまえはなんてかわいそうな［運のいい］やつなんだ）などと（ふつう男性に対して）用いる。（この文では相手は女性で私生児である。）

little は「小さい」の意ではない。このような little は，場合により，愛情・親近感や軽べつ・嫌悪感などの感情的含みを強める。

that you are と関係代名詞を用いた形は，たとえば fool that you are（［お前が実際にそうであるところのばか，正真正銘のばか→］なんたるばか者）のように，強意的な表現である。

● このような挿入表現にそのまま対応する形の訳文をつくることはできないが，下線部をまとめれば次のようになる。

「**君はまったく恵まれた人だな**，あんなことをしないですんだことをせいぜい感謝するんだね」

〔61〕 Though I might rush to identify this tingling in my groin with some neurological disease on the order of shingles — **if not worse** — I simultaneously understood that it was undoubtedly, as always, nothing.

鼠蹊部のこの痛みを帯状疱疹のような，なにか神経系の病気のせいにしていたのかもしれなかったが ── **さらに悪いことに** ── 同時にいつものとおり，それをなんでもないことと思いこんでいたのである。

解説　**rush to do**「急いで（あわてて）〜する」

identify (this tingling in my groin) **with** (some neurological disease)「(鼠蹊(そけい)部のこのうずくような痛み）を（なにか神経系の病気）だと考える」

on the order of (shingles)「(帯状疱疹(たいじょうほうしん)）に似た（類した)」

simultaneously「同時に」(at the same time)

● **if not** 〜 は「たとえ〜でないにしても」の意の慣用表現。したがって **if not worse** は「たとえもっと悪くなくても」であり，下線部における修飾関係は次のようになる。

「私は，もものつけ根の痛みの正体は，（**たとえもっと悪性のものではないにせよ**）帯状疱疹程度の神経系の病気ではないかと，あわてて きめてかかったかもしれないが」

■挿入の形をとらないで付加的に用いられた **if not worse** の例：

… living somehow with the knowledge that if he uttered publicly so much as a complaining word, he would certainly get beaten, **if not worse**. —— Alex Haley：*Roots*

…どうせ不平でも洩らそうものなら，**よくても**どやしつけられるだけと諦めて，おめおめと生きている…

● **so much as** ～ は，否定文や条件文で「（たった）～だけのこと（もしないで，をしても）」の意。He left without so much as saying goodbye.（彼はさよならとも言わずに去った）

●奴隷の身分である「彼」が，黒人の人妻が白人の主人の子を生まされる世間の例を思い，自分の妻にそのようなことが起こることは絶対に容認しないという気持を述べた文の一部であるが，英和の対応がわかりやすいように直訳的にまとめておく。

「もし彼が人前で不平の一言でも口にしたら，きっと（**もっと重い罰ではないにしても**）打ちすえられることになるだろうと承知しながらなんとか生きている…」

<19>　相 関 関 係

〔62〕 She waited until the car started up and pulled away. I was**n't** looking at her face, **but** at the part of her I could see with my head lowered.

彼女は車がエンジンをかけて走り去るまで待っていた。わたしは彼女の顔を見ていなかった**けれど**，顔を伏せたままでも，彼女の体の一部が視野に入ってきた。

解説 たとえば **both** A **and** B（A も B も［両方とも］），**not only** A **but also** B（A だけでなく B も），**neither** A **nor** B（A も B も～でない）

などのように，二つの語句が互いに関連して用いられることがあり，相関語句と呼ばれる。

● **not** A **but** B も相関的に「A ではなく B」の意を表わし，この but は「しかし，けれど」とは訳せない。

He is **not** wise **but** clever.

〈誤〉　彼は賢明ではない。しかし利口だ。

〈正〉　彼は賢明なのではなく利口なのだ。

B の要素を前に置いた場合は，あとに続くのは and である。

He is clever, [**and**] **not** wise.

（彼は利口なのであって，賢明なのではない）

●囲みの下線部では not A but B の相関関係に気づかなかったために，but 以下の構文についても無理な解釈がなされている。下線部は次のような訳になる。

「わたしは彼女の顔**ではなく**，顔を伏せたままでも見える彼女の体の部分を見ていた」

玄関に現われた「彼女」と向き合った「私」が顔を伏せて見ていたのは，彼女の太い腰や杖を握った左手などである。

■ **not just ～ but also ...** の例：

The sin itself was one of human frailty. That's what Dolf tried to tell me, and I knew now that his words were **not just** for my father's sake, **but also** for mine.

—— John Hart：*Down River*

罪そのものは人間の弱さに起因するものだった。ドルフが僕に伝えようとしたのはまさにそれであり，父をかばって言った**わけでも**，僕を思って言った**わけでもなかった**のだ。

● **not just** ～ は **not only** ～ と同じで「～だけでなく（…も）」の意であり，下線部の直訳は次のようになる。

「彼の言葉は私の父のため**だけではなく**，私のために**も**述べられたものであった」

■ **as ～ so ...** の例：

This curious mood, into which she was now just about to fall, seemed to be part of her plan. And **as** it was part of her, **so** she had made plans for it.

—— Margaret Drabble : *The Realms of Gold*

いまにも落ちこんでいきそうなこの不思議な気持ちは，自分のプログラムの一部のように思えた。実際，それは彼女という人格の一部だった**ので**，意識的にそのための心づもりもしておいた。

● **as 〜 so ...** という相関表現が訳出されないで，**as** だけが「理由」を表わす接続詞として「〜なので」と訳されている。

as 〜 so ... は相関的に「〜であるように，（そのように）…だ」の意を表わし，これを用いた文としては，たとえば次の諺がよく知られる。

As you sow, **so** will you reap.

（あなたが種を蒔くように，あなたは刈り入れることになる［蒔かぬ種は生えぬ／因果応報／自業自得］）

●この引用文の文脈では，彼女には生き物の生死から人の行動や精神状態までが，あらかじめプログラムされたものであるように思われることが述べられており，下線部は次のような訳になる。

「そしてこの気分が彼女の一部**であるように**，それは彼女が自分でプログラムしていたものであった」

〔63〕 He prayed late and with great speed after the other worshippers had left. **One minute** he put on his prayer shawl and phylacteries; **a minute later** —— or so it seemed to me —— he took them off.

ほかの礼拝者たちが立ち去ったあとで，彼は遅くに来ては猛烈な早さで祈った。**一分で**祈禱用ショールと聖句箱を身につけた。**その一分後には** —— あるいはそのように私には思われたのだが —— それらをはずしていた。

解説 **one minute** は，ふつう「一分［間］」の意を表わすが，このように後に続く a minute later や the next minute と相関的に用いて「ある瞬間に〜したかと思えば，次の瞬間には〜した」のような意味を表わす。**moment** も同様である。

One minute the sun was shining, and **the next minute** it was pouring.

（太陽が輝いているかと思ったら，次の瞬間にはどしゃ降りになっていた）

●下線部の，その部分を改めておけば：

「祈とう用のショールと聖句箱を身につけた**と思ったら，一分後には**――と私には思えたのだが――それらをはずしていた」

なお，**phylactery** とは次のようなものである。

〘ユダヤ教〙聖句入れ（聖書の文句を記した羊皮紙を入れる二つの革製の小箱の一つ。ユダヤ教徒が週日の朝の祈りのときに身につける）　　　　　　（オーレックス英和辞典）

<20>「複合」誤訳

〔64〕 The octopus, intelligent creature that he was, could survive in a perspex box. **Though** why he **bothered**, who could say. And the female of the species died, invariably, after giving birth.

賢い生き物，蛸はパースペクス・ボックスのなかでも生きつづけられた。**たとえ**蛸が**悩んだところで**，だれにそれがわかるだろう。いっぽう雌の蛸は子供を生むと死んでしまう。

解説 複数の箇所についての誤った解釈が結合した形の訳文がつくられることがある。

この例については，次のような点を確認しておかなければならない。

● **intelligent creature that he was** は挿入要素であり，fool that you are などに類した形として〔60〕〔⇨ p. 71〕で説明したが，creature は「生き物」のほか，親愛感や賞賛・軽べつなどの気持を込めて「やつ」の意で用いることもあり，この文脈でもそのニュアンスを読むことができる。

● **perspex**　透明なアクリル樹脂で，ガラスよりずっと軽く，航空機の風防ガラスなどに用いる。

● **Though** ...　though は，(a) ふつうの従位接続詞として「～だけれど」の意を表わす場合と，(b) 等位接続詞的に付加的に用いて「もっとも～だが，とは言っても～であるが」の意を表わす場合がある。(b) の用法では but に近い。

(a) **Though** she is rich, she isn't happy.
She isn't happy, **though** she is rich.
（彼女は金持だけれど幸せではない）

(b) He is determined to go, **though** I don't know why.
（彼は行く決心をしている ── なぜだかは知らないけれど）

● この Though はピリオドのあとに置かれているが，ふつうはコンマで区切られる。

... in a perspex box, **though** why he bothered ...

● **why he bothered, who could say** は，say の目的語である why he bothered が倒置されて前に置かれた形である。

● **who could say**（だれにわかったか）は修辞疑問文であり，これは nobody could say（だれにもわからなかった）の意を表わす。

● 以上により，though 以下をわかりやすく言い換えてみれば：

～, though nobody could say why he bothered.

● **bother** は，「悩む」ではなく，bother to do（わざわざ～する）の用法で，ここでは bother [*to survive*]（わざわざ生き続けようとする）の不定詞が省略されたものである。

● したがって下線部までの訳は次のようになる。

「蛸は，なかなか頭のいい生き物で，パースペクスの箱の中でも生き続けることができた ── **もっとも，なぜ蛸がわざわざ生き続けようとする**のかは，だれにもわからないことだった**が**」

● なお，三行目の，訳出されていない invariably は「いつも，きまって」(always) の意。

■ **though** は一般に『節』(Clause) と『節』をコンマで区切って結びつけ，この例のようにピリオドで区切ったあとに用いるのは，ふつう，この種の柔軟な文体の文に限られる。

このような用法の適否が問題になる接続詞としては，他に for（なぜならば）がある。ふつうはコンマのあとにくる for が，ピリオドのあとに用いられた例はオバマ大統領の演説などにもよくみられるが〔⇨ p. 117〕，ここではケネディ大統領の就任演説の例を引いてみる。

The world is very different now. **For** man holds in his mortal hands the power to abolish all forms of human poverty and all forms of human life.

（Inaugural Address by John F. Kennedy）

世界は今や非常に変化しました。**なぜならば**神ならぬ人間がその手に，あらゆる形の人間の貧困もあらゆる形の人間の生活も絶滅する力を握るようになったからです。

〔65〕 She **breathed hard** as she donned her spotless overall, as if the very prospect of a marriage unsettled her nerves, **which** were notoriously unpredictable. Men were her downfall, she had confided, over many a cup of coffee.

彼女は，結婚と考えただけでも動転してしまっているように，胸までの染みひとつないエプロンを掛けながら，**鼻息も荒く言った**。**結婚**くらい当てにならないものはない，男にはさんざん泣かされた，と彼女はこれまでに何度もコーヒーを飲みながら語っていた。

解説 ● **breathe hard** は「激しく（苦しそうに，はあはあと）息をする」の意。「鼻息も荒く言う」では発言を伴うことになる。

● **which were notoriously unpredictable**　which の先行詞は複数形の nerves（神経）であって，「結婚」ではない。

notoriously は「（よくないことについて）有名なほど，人によく知られるほどに」　**famous**（有名な）に対して **notorious** は「悪名高い」　unpredictable は「予測できない，変わりやすい」

● **confided**（打ち明けた）の内容は，“Men were her downfall”（彼女が落ちぶれたのは男のせいだ）だけであって，「結婚くらい当てにならないものはない」は関係ない。

●原文を離れて日本語だけ読めばもっともらしく筋が通り，誤訳を感じさせないが，英文は次のようなことを述べている。

「彼女は，染み一つない上っ張りを身につけながら，**はあはあと息をした**。あたかも結婚の予想が，彼女のひどく不安定な**神経**を動転させてしまったかのようだった。自分の転落は男のせいだ，と彼女は幾杯も，コーヒーを飲みながら打ち明けたものだった」

〔66〕 Clearly, George W. Bush's people believe that real-world problems will solve themselves, or at least won't make the evening news, because by pure coincidence **they** will be **pre-empted by terror alerts**.

明らかにブッシュ大統領は，現実世界の問題は自ずと解決されるだろうと考えているようであり，少なくとも夜のニュースにはならないと思い込んでいる。なぜなら偶然にも，**テロ攻撃に関する臨時ニュースが通常のニュース番組に取って代わる**からである。

解説 ● **George W. Bush's people** は大統領個人ではなく「ジョージ・W.ブッシュの仲間たち」 同じ文脈で用いられている the Bush administration（ブッシュ政権）を，くだけた形で言い換えたもの。

● **because** ... は，～ believe that ... の that 節の中に含まれ，彼らが信じ込んでいる内容の一部である。

● **by pure coincidence**「まったくの偶然の一致によって」 coincidence は「たまたま二つのことが同時に同じ場所で起こること」

● **they** の先行詞は，単数名詞である news ではもちろんなく，real-world problems（現実世界の問題）である。

● **pre-empt** は「先制的に阻止する，機先を制する」 a **preemptive** attack は「先制攻撃」

● **terror alert**「テロ警報，テロ警戒態勢」 **red alert** は「緊急警報，非常警戒態勢」

●まとめれば次のようになる。

「明らかに，ジョージ・W.ブッシュの仲間は，現実世界の問題はおのずから解決することになるであろうし，あるいは少なくとも夜のニュースになることはないであろうと信じ込んでいる ── なぜならば全くの偶然によって**それら**［**の問題**］は**テロ警戒態勢により先制的に阻止される**であろうから，と」

■この文は，2008年度のノーベル経済学賞を受賞した Paul Krugman の著書からのものであるが，内容的に関連のある文とその翻訳例をもう一つ引いておく。

The Bush administration has an **infallibility** complex: it never, ever, admits making a mistake.

ブッシュ政権は**間違いを犯すことに対して**コンプレックスを抱いているのである。そのため絶対に間違いを犯したとは認めない。

● **infallibility** は「絶対に誤りを犯さないこと，無謬(むびゅう)性」の意である。

形容詞の **infallible** のほうは名詞よりもよく用いられるが，次の諺は，三つとも主旨を同じくする。

No man is *infallible*.（誤りを犯さない人間はいない）
To err is human.（過ちは人の常）
Even Homer sometimes nods.（弘法も筆の誤り）

● **コロン**（：）は，「すなわち…」と，前の文の内容を説明したり，具体的に例を並べたりするのに用いる。

● **never, ever**　ふつう「決して～しない」の意は never 一語で表わされることが多いが，ここでは never, ever と並べた強意表現によって infallibility に対応する「絶対に～しない」の意を強めている。以上を訳にまとめておけば：

「ブッシュ政権は**絶対に誤りを犯さないという**固定観念をもっている。間違いを犯したということを，決して，絶対に，認めない」

■自らの **infallibility**（無謬性）に対する自負をうかがわせる，ブッシュ大統領自身の言葉としては，たとえば次のようなものもある。（2001年7月22日のローマでのスピーチより）

I know what I believe. I will continue to articulate what I believe and what I believe ── I believe what I believe is right.

私は信念を持っています。これからも自分が信じること，そして自分が信じること…自分が信じていることが正しいと信じていることを明らかにしていきたいと思います。

- この翻訳は「妄語」として集められた語録からのもので，やや揶揄（やゆ）的なニュアンスが認められるが，ふつうの訳は次のようなものである。

私は自分が信じることを知っています。私は自分が信じることをはっきりと述べ続けるでしょう，そして私が信じることとは——私は自分が信じることは正しいと信じています。

■ **pre[-]empt**（機先を制する），**pre[-]emptive**（先制的な）などは，かつて冷戦（the Cold War）のあいだにも米政府が維持した containment（封じ込め）や deterrence（抑止）の政策から転じて，ブッシュ政権が大量破壊兵器や国際テロなどの新しい脅威に対して「先制攻撃」を正当化する姿勢を強めるなかで，政権周辺で好んで用いられるようになった語である。

- **preemptive war** は，従来用いられてきた表現である **preventive war** と次のように区別される。

"Preemptive" war refers to a direct, immediate, specific threat that must be crushed at once; in the words of the Department of Defense manual, "an attack initiated on the basis of incontrovertible evidence that an enemy attack is imminent." "Preventive" war refers to potential, future, therefore speculative threats.

—— Arthur M. Schlesinger, Jr.:
War and the American Presidency

「先制」戦争とは，ただちに潰（つぶ）されなければならない直接的な，差し迫った，特定できる脅威にかかわるものである。国防総省のマニュアルの言葉では「敵の攻撃が目前に迫っているという明白な証拠に基づいて行われる攻撃」である。「予防」戦争とは，潜在的な可能性のある，将来的な，それ故に推定される脅威にかかわるものである。

■戦争についての，歴代の米大統領の発言では，（シュレジンガーのこの著書にも引用されている）トルーマン大統領の言葉が不動の重みをもつ。

長びく冷戦中に，戦争をも辞さない対ソ強硬論も唱えられるが，それを咎(とが)める言葉の一部である。

I have always been opposed, even to the thought of such a war. There is nothing more foolish than to think that war can be stopped by war. You don't 'prevent' anything by war except peace. —— Harry Truman : *Memoirs*

私は常に，そのような戦争を考えることにさえも反対してきた。戦争によって戦争を阻止することができると考えることほど愚かなことはない。戦争が「阻止」するのは平和だけである。

「原書」の誤植　(5)

⑬ He simple wanted to lead a clean simple life and to be a good man, (Iris Murdoch : *The Nice and the Good*)

⑭ Cars have been ordered not to park with their boots towards the imperial palace, less dissidents fire rockets from them. (Ben Hills : *Princess Masako*)

⑮ ... we often preach a gospel we do not live. This is the principle reason why people of the world don't believe. (Mother Teresa : *In My Own Words*)

●⑬ simple → simply（彼はただ単に清潔で簡素な生活を送り，善良な人間でありたいと望んだだけだった）

⑭ less → lest（車はトランクを皇居のほうに向けて駐車しないように命じられた。反体制派がロケット弾をそこから発射しないようにするためである）

⑮ principle（原則）→ principal（主要な）（私たちは自ら実践しない福音を説くことがよくあります。これが世の人々が神を信じない主な理由なのです）

Part 3

誤訳のレベル

誤訳のレベル
(5段階チェック)

Part 2では，さまざまな誤訳について，難易とり混ぜ，主要なタイプに分類し，典型的な例を示したが，このPart 3では，「難易のレベル」によって各種の誤訳を分類し，配列する。初歩的なものから難解なものまで，段階的に自己テストを試みるなり，誤訳解明の手応えを楽しむなりすることができるように，諸種の好適な例を示し，要点を解説してある。

一通りこなせれば，一般的に必要なレベルの読解力がほぼ保証される。

レベル1 から レベル5 まで，順次，難度が高くなっていく。

レベル1

1

(1) I do few things perhaps to do one thing well.

私はおそらく1つのことをきちんとやるために，いくつかのことをしなければならないのだ。

(2) She had her coat across her arm and was intending to hang it near the fire in a moment.

コートを腕にかかえていたが，しばらく暖炉の近くにかけておくつもりだった。

(3) He couldn't wait to get back to work next Monday.

かれは月曜まで待たずに工場へ行った。

(4) He looked at her. He was surprised. For some reason he had expected her to be fair.

彼女の顔を見た。彼は驚いた。幾つかの理由で，女が美人だと予期していた。

(5) Native English speakers who come to Japan are often startled, amused, and finally impressed by the courageous attempts of the Japanese to express themselves in English.

英語を母国語として話している人が日本に来て，よくびっくりしたり，笑ったりして，あげくのはてに感心してしまうのは，日本人が英語を使おうとするその勇ましさである。

(6) World peace begins to break down in the homes.

世界の平和は，まず家庭の平和から始まります。

解説 (1) **few, little** は a がつけば「少しはある」と肯定的，つかなければ「少ししかない」と否定的な意味を表わす。文意は「私は，たぶん，一つのことをしっかりやるためにわずかなことしかしないのです」

(2) **in** a moment は「すぐに」の意であり，「しばらく」に対応するのは **for** a moment（少し［のあいだ］）である。したがって，ここは「コートをすぐに暖炉の近くに掛けるつもりだった」が正しい。

(3) **can't wait to do** は「～するのが待ちきれない」状態を表わす。

I *can't wait to* see you.（君に会うのが待ち遠しい）

下線部も「（月曜に）仕事にもどるのが待ちきれなかった」の意。

(4) reason は単数なので「幾つかの」はもちろん不可。「ある理由で」と改めても不十分。 **for some reason** は「理由はよくわからないが，どういうわけだか，なぜか」などの訳が当たる表現である。

(5) **be amused** は「笑う」ではなく「おもしろく思う，おもしろがる」の意。歴史的に有名な言葉として "**We are not amused.**" がある。（We は君主が I の代わりに用いた例）ビクトリア女王が臣下の冗談に興味を示さずこう言ったと伝えられるが，今でも一般に「おもしろくもなんともない」の意で（おどけて）用いられる。

(6) **break down** は「壊れる，故障する」などの意。正しくは：

「世界の平和は家庭で崩壊し始めるのです」

の意。これは，よく知られる次の諺を下敷きにしている。

Charity begins at home.

（慈悲は家庭から始まる；愛はまず家庭で）

レベル 1

2

(1)　They evade: they sleep late, they seek euphemisms.

彼らは避ける。遅くなってから寝る。婉曲な言い方を探す。

(2)　I've been tryin' to get down to the heart of the matter.

心が抱えてるものをなんとかしないと。

(3)　"Who is it?"　My throat felt raw.
"Zebulon Faith."
"Just a second,"　I called out.

「どなた？」喉がひりひりした。
「ゼブロン・フェイス」
「あとにしてください」と声をかけた。

(4)　Naturally, Miss Barrett was better.

自然にバレット嬢は快くなってきた。

(5)　Let me know when you come back.

いつ帰るか知らせてよ。

(6)　Clara had won the fight to marry him but lost the fight to keep him.

クララは彼女らとの闘いに勝ち，彼と結婚した。だが，それと同時に，彼を長く惹きつけておく闘志を失った。

(7)　As long as we make the best effort we are capable of, we cannot feel discouraged by our failures.

自分にできる限りの，最善の努力を尽くさなかった時，失敗したとしても失望することはないでしょう。

解説 (1)　**sleep**（眠る）と **go to bed**（就寝する）を区別する。**sleep late** は「遅くまで寝る，朝寝坊する」で，「遅くなってから寝る」なら go to bed late である。

(2)　この **heart** は「心」ではなくて「中心部，核心」 文意は「私は問題の核心をつきとめようとしてきたのです」

(3)　**"Just a moment (second, minute)."** は「ちょっと待って［ください］」の意。「あとにして」なら "Later [, please]."

(4)　文頭の **Naturally** は『文修飾副詞』で文全体を修飾し，「自然に快くなった」のではなく，「当然［のことながら］，快くなった」の意。

(5)　when は ① 疑問副詞と ② 接続詞とで，節中の時制が区別される。

① I don't know when he **will come**.（彼がいつ来るか知らない）
② I'll let you know when he **comes**.（彼が来たら知らせるよ）

①の *when*–節は know の目的語になる『名詞節』。②の *when*–節は『副詞節』で，副詞節のなかでは未来のことでも現在時制を用いる。

囲みの例文は②と同じで，「もどったら知らせてね」の意を表わす。

(6)　**fight** が前半では「闘い」，後半では「闘志」と訳し分けられているが，両方とも「戦い」の意で，対照的に用いられている。

win [lose] a fight（戦いに勝つ［負ける］）

この文は「クララは，彼と結婚するという戦いには勝ったが，彼をつなぎ止めておく戦いには敗れた」の意。

fight が「闘志，戦意，やる気」の意味で用いられる典型的な例：

They're not going to give up —— they have a lot of fight left in them.（彼らはあきらめたりしない —— まだたっぷり闘志が残っている）

(7)　**as long as** ～ は「～する限りは」の意。したがって下線部は：

「自分にできる最善の努力をしている限りは」

類似表現に **as far as** ～（～する限りでは）があるが，その典型例：

As far as I am concerned, the greatest suffering is to feel alone, unwanted, unloved. —— Mother Teresa：*In My Own Words*

（［私に関して言えば，私に言わせれば→］私の考えでは，この世でいちばん大きな苦しみは，だれからも求められず，愛されもせず，一人ぼっちの寂しさを感じることです）

レベル2

3

(1) The love that lasts longest is the love that is never returned.

もっとも永くつづく愛は，二度と戻らない愛である。

(2) The world only looks flat, she thought to herself.

世界は平らにしか見えないじゃないの，と彼女は胸につぶやいた。

(3) The pay was good and it would have given them a chance to set up house.

給料はよかったので，うまくゆけば家を建てられそうだった。

(4) The smallest things gave him such pleasure.

彼を楽しませたいちばん小さなことだった。

(5) It so happened that I could not attend the meeting.

そんな事態が発生したので会合には出席できなかった。

(6) "I think it might fit you," she said. "You're only a little bit bigger than me."

「これ，あなたにも似合うと思うわ」と彼女は言った。「背丈だって私とそんなに変わらないもの」

(7) 'If a lady takes one of these pills on her own, I fear she may appear unduly aggressive. Men don't like that. I didn't like it yesterday.'

「女性がこのピルをのむと，ひどく攻撃的になるんじゃないかと，それが心配なんだ。男はそんなことないけどさ。昨日のきみみたいになられたら，かなわないからね」

解説　(1)　**return** は，自動詞ならば「戻る，帰る」であるが，ここは「(受けたものに対して同種のものを）返す，報いる」の意の他動詞の受身形である。**never** は「二度と～しない」ではなく「ずっと（決して）～しない」の意で，下線部は「報いられることのない[愛]」である。

unreturned love は「報いられない恋」で「片思い」のこと。

(2)　**only** は形容詞用法と副詞用法が区別され，この only は副詞用法であるが，形容詞 flat を修飾するのではなく，動詞 looks を修飾する。

下線部は「世界は平らに見えるだけなんだわ」の意である。

(3)　「家を建てる」はもちろん **build a house** である。**set up house** は「所帯を構える」の意。

(4)　最上級は「～でさえも」(even ～）の意を含むことがある。

The *largest* sum of money cannot buy happiness.

(どんなに多額の金でも幸福を買うことはできない)

問題文も「ほんのちょっとしたことでも彼を大喜びさせた」の意。

(5)　**It** [**so**] **happened that** ～ は「たまたま～だった」の意を表わす。

It [*so*] *happened that* I was there.（たまたま私はそこにいた）

〔= I happened to be there.〕

囲みの文は「たまたま私はその会合に出席できなかった」の意。

It は「それ，そんなこと」ではなく，that ～ の内容を表わす『形式主語』である。

(6)　**fit** は「寸法がぴったり合う」の意。「似合う」は **suit**。

The dress **fits** me like a glove.

(このドレス，私に寸法がぴったりだわ)

The coat really **suits** you.

(そのコート，君にとてもよく似合うよ)

(7)　下線部は「男はそんなことを好まない」という自明の意味を表わす。そして「現に僕も昨夜いやだったよ」と続けている。

「男はそんなことないけどさ」に相当する英文は，Men are not like that. である。

レベル２

4

⑴　He simply could not stand still.

ただ単に，じっとしずかに立ってはいられなかったのだ。

⑵　'You can't have known about her and me just from the dance.'

「あなたはあのダンス・パーティーからあとの彼女とぼくのことを，御存知ないでしょう」

⑶　'But that's impossible,' said Tristram. 'That couldn't be possible.'

「だが，そんなことはありえない」と，トリストラムはいった。「ありっこなかったんだ」

⑷　Burden smiled. It suited him well enough.

バーデンは思わずにっこりした。いかにも彼らしいことだった。

⑸　I've been expecting you to come up with something like this, you know.

いつかきみがこういう用件で現れるんじゃないかと思っていたんだ。

⑹　Only there was no frightening her away.

が，そこには，彼女を脅して追い払うものはいなかった。

⑺　"He's unselfish — and very considerate for a man, but he's rather — ineffectual, if you know what I mean."

「身勝手なところがなくて — 人には思いやりがあって，でも，どちらかといえば — 役にたつことなんかできない方ですわ，おわかりになりますかしら」

解説 (1) **simply** は「単に (only)」のほか，強意的にも用いる。

I *simply* did it for the money.（ただ金のためにそれをした）
That is *simply* not true.（それは絶対に事実ではない）

囲みの文の simply も強意用法で，「彼はとてもじっと立っていることはできなかった」の意を表わす。

(2) **“cannot have + 過去分詞”** は「～したはずがない」 **from** は『判断の根拠』を表わし「～から，～に基づいて」 文意は「ダンス・パーティだけで彼女と私のことがわかったということにはならないでしょう」

(3) この **couldn't be** は『仮定法過去』であって『現在』のことについての『推量』を述べ，「～であるはずがない」の意を表わす。

It can't (couldn't) *be* true.（本当であるはずがない）
It can't (couldn't) *have been* true.（本当であったはずがない）

下線部も「そんなことあるはずがない」と，先行する “that's impossible” とほぼ同意の内容を別の形で繰り返し述べたものである。

(4) バーデンは，電話で食事に誘われてにっこりしたのだが，「それは彼にはとても好都合だった」のである。**suit** は「～に都合がよい」 なお「似合う」の意の suit を「寸法が合う」の fit と区別。〔⇨ p. 89〕

(5) **come up with ～** はよく用いる動詞句で「～を思いつく，～(案など)を出す」などの意。文意は：

「いつかきみがこのような話を持ち出すだろうと思っていたよ」

(6) **there is no ～ing** は「～することは不可能だ」の意を表わす慣用表現である。〔⇨ p. 176〕

正しくは「ただ，彼女を脅して追い払うことはできなかった」

(7) for a man の **for** は「～にしては，～の割には」の意で，下線部は「男の人にしては思いやりがある」が正しい。

「人には思いやりがある」に対する英語は **considerate** *of* (*to*, *toward*) others である。

なお，**if you know what I mean** は「私が言っている意味がわかりますよね」と念を押す言い方である。but 以下の別訳は「でも，どちらかというと ── 頼りないっていうか，おわかりでしょ」

レベル 3

5

(1)　She thought that she would know better next time.

彼女は，この次はもっと良く学ぼうと思っていた。

(2)　Nothing attempted with love or kindness is bad.

愛や優しさ以外から生じたものは悪である。

(3)　Border relations between Canada and Mexico have never been better.

カナダとメキシコの国境関係が良好だったことはない。

(4)　“Please bolt it,” said Mrs Trevelyan in a conversational tone. “Please see it's properly bolted.”

「かんぬきをかけてね」とトレヴェリアン夫人は打ちとけた口調で言った。「ちゃんとおりてるかどうか調べてちょうだい」

(5)　“She probably doesn't get enough exercise. Teenagers are in notoriously bad shape. All that junk food.”

「たぶん，その子，エクササイズが十分じゃないのよ。十代の子って，ひどい体型してるもの。あれだけジャンクフードばっかり食べてるんだものね」

(6)　Of course I made it quite clear that there could be no question of his going.

勿論私は，あの子が行くのに問題がある筈はない，という事は，はっきり書いてやりましたわ。

(7)　A shudder ran through her, shaking her slight body with a violence she didn't expect.

戦慄が全身を駆けぬけ，予想もしていなかった暴力に華奢な身体をふるわせた。

解説 (1) **know better** [than to do 〜] は「(〜するよりもよく知っている→) 〜しないだけのわきまえがある，[〜するような] そんなばかなことはしない」の意。正訳例は「彼女はこの次はこんなばかなことはしないようにしようと思った」

(2) たとえば Nothing great is easy. は「偉大なことで容易にできることはない (大事業はすべて困難を伴う)」である。この文も「愛情や思いやりをもってなされたことはいかなることも悪ではない」の意。

(3) この訳は，次の (a) と対比される訳である。(b) が正しい。〔⇨ p. 61〕

(a) They have never been **good**. (良好だったことはない)

(b) They have never been **better** [*than they are now*].
(これほど良好だったことはない)

なお，これはカナダの首相が訪米した折の Bush 大統領のスピーチからの文であるが，カナダとメキシコの国境というものは存在しない。

(4) **see if** 〜 なら「〜かどうか調べる」であるが，**see** [**that**] 〜 は「かならず〜であるようにする」の意を表わす。

Please **see that** your seat belt is fastened.
(かならずシートベルトをお締めください)

この下線部も「ちゃんとかんぬきをかけておくのですよ」の意。

(5) **be in good** (**bad**) **shape** は (形や体型ではなく)「調子が良い(悪い)，健康状態が良い(悪い)」 下線部は「ひどく不健康だ」の意。

notoriously は「(悪いことで)有名なほど，悪評高く」

(6) **there is no question of 〜ing** は「〜することは問題外だ，〜することなどありえない」 下線部は「彼が行くなんてことは絶対にない」ということを述べている。同じく「問題外，論外」を表わす，もう一つのよく用いられる慣用表現は **be out of the question** である。

Taking a holiday now is *out of the question*.
(この時期に休暇をとるなんてとんでもないことだ)

(7) ここの **violence** は「暴力」ではなく「激しさ」 **with violence** は「激しく，乱暴に」(= violently)　with a violence she didn't expect は「彼女が予想しなかった激しさで」 したがって，下線部の訳は次のようにまとめられる。「(戦慄が) 予想しなかったほど激しく彼女のきゃしゃな体をゆさぶった」

レベル3

6

(1) I wish I didn't have to look.

見ずにすめばよかったのにと思う。

(2) Your judgment is no more valid than Mrs McKay's.

あなたの判断はマッケイさんの判断よりさらに妥当性を欠いています。

(3) He wondered that Hearne should have lent himself to so palpable a deceit.

ハーンが見えすいたごまかしをやってのけたからではないかといぶかった。

(4) In Japanese society, where personal harmony is so highly valued, it is difficult for a person to stand up and say that he or she does not like somebody smoking nearby.

日本の社会では，人との調和が非常に高く評価されているところなので，そばでたばこを吸っている人を気に入らないと，男でも女でも個人で毅然と立って言うことは困難である。

(5) It was not their behaviour that enraged Deborah, it was the fact that they should be there at all.

デボラを怒らせたのはそんな不心得者の行動ではなくて，来るくらいならまっすぐ墓所に来るべきだということだった。

(6) He backed out the big panel van, made sure there was plenty of gas, then slid off the old vinyl seat.

大きな小型バンをガレージから出し，ガソリンが満タンになっていることを確かめてから，古いビニールシートをはずした。

解説 (1)　**wish** のあとの節では『仮定法』を用いるが，『(仮定法)過去時制』の場合は『現在』の事実と反対のことを，『(仮定法)過去完了時制』は『過去』の事実と反対のことを表わす。

I wish I **didn't have** to go.（行かなくてすめばいいのに）
I wish I **hadn't had** to go.（行かなくてすめばよかったのに）

囲みの文は「(窓外の汚れた景色を）見ずにすめばいいのにと思う」の意味。

(2)　I am **no more** rich **than** you are.
= I am **not** rich **any more than** you are.
（僕は君[が金持でないの]と同じく金持ではない）

正訳例は「あなたの判断はマッケイさんの判断と同じく妥当ではない」

(3)　(a) I **wonder if** he is angry.（彼は怒っているのかしら）
(b) I **wonder that** he is angry.（彼が怒っているとは驚きだ）

翻訳は (a) の意味に解されているが，英文は (b) であり，訳例は「彼はハーンがそんな見えすいたごまかしに手を貸したことに驚いた」

(4)　**like + O + ～ing** は「(主語は）O が～することを好む」

I don't like people phoning me in the middle of the night.
〔誤〕　私は真夜中に電話をかけてくる人を好まない。
〔正〕　私は真夜中に人が電話をかけてくるのを好まない。

囲みの下線部は「だれかがそばでたばこを吸うことを好まない」の意。

(5)　**should** は「～すべきだ」ではなく，「意外・驚き」その他の感情的色彩を強める用法。**at all** は「そもそも」の意。下線部の訳例：

「(デボラを激怒させたのは）そもそも彼らがそこにいるという事実だった」(「いったいなんで彼らがここにいるのか」という気持)

(6)　**off** は (a) 副詞用法と (b) 前置詞用法を区別しなければならない。

(a) take **off** one's hat「帽子を脱ぐ」(= take one's hat **off**)
(b) fall **off** a chair「椅子から落ちる」(× take a chair **off**)

囲みの下線部の off の用法は (b) である。日本語の「シート」は **seat** と **sheet** の両方を表わすが，翻訳は sheet の訳になっている。下線部は「古いビニール張りの運転席からするりと降りた」の意。

レベル 4

7

(1) You can be democratic and still have discipline.

民主主義的な処遇といえよう。だが，そこになお，一定の規律があった。

(2) By now he was in the back garden but he literally could not see the wood for the trees.

彼がいま立っているのは裏庭だったが，木々の幹はツタやつる草などでおおわれて，ほとんど見えないほどだった。

(3) If you are found not guilty of murder, I'll have you immediately rearrested on a charge of indecent assault.

あんたが殺人の件で有罪にならなけりゃ，わしはただちに下劣な襲撃の件であんたを再逮捕する。

(4) She felt the cold sweat starting on her forehead. It was all she could do to prevent herself from beating in mad panic at the unyielding wood.

夫人は額に冷や汗が流れるのを感じた。少しも動かないドアを，恐怖につかれて叩きまくることしかできなかった。

(5) 'If you don't want your stew,' said Freathy, dripping with greed, 'I'd be very much obliged ——.'

「シチューいらないなら」と，いじきたなく汁をたらしながら，フリーシィがいった。「御好意かたじけなく——」

(6) Don't think it's been a happy marriage. It's my idea that that's what lies at the bottom of her ill health.

幸せな結婚生活だとは思えませんね。病身なのが原因だと思うんですよ。

解説　(1)　**can ～ and still ...** は「～し，同時に…することができる」
文意は「民主主義的にやりながら，なおかつ規律を守ることもできる」
民主主義的自由は規律遵守と両立しなければならない。

《類例》 "You **can't** eat your cake **and** have it." (《諺》ケーキを食べ，しかも持っていることはできない；二つよいことはない)

(2)　**cannot see the wood for the trees**（木を見て森を見ず）は比喩的に「身近な一部のものに気をとられて全体を見ることができない」の意で用いられるが，ここでは，身近に木々が繁っていて木立ち全体を見通すことができず，「文字どおり木のために森が見えなかった」のである。

(3)　**indecent** は「下品な，みだらな」 **assault** は「攻撃，襲撃」であり，**indecent assault** は「強制猥褻（わいせつ）[罪]」〔強姦(rape)を除く性犯罪〕 なお，**indecent exposure** は「公然猥褻[罪]」

(4)　**It was all she could do to** ～「彼女にできるのは～することだけだった，彼女には～することしかできなかった」 **prevent herself from ～ing**「自制して～しないようにする」 **wood** は（原作において）前の文で述べられている "door" を言い換えたもの。下線部の意味は「彼女には，びくともしないドアを恐怖に狂ってどんどん叩きそうになるのを抑えるのが精いっぱいのことだった」

(5)　**drip** は「したたり落ちる」 **be dripping with** ～ は「～がしたたり落ちる[ようだ]，～でいっぱいだ」などの意：a comment **dripping with** irony (sarcasm)「皮肉たっぷり（嫌味たらたら）の評言」

したがって下線部は「食い気まる出しに；食い意地もあらわに」などの意で，フリーシィは「御好意かたじけなく ――」と言いながら（原文では）すぐに相手のシチューの皿を自分のほうに引き寄せる。

(6)　下線部で **It** は *that-* 節の内容を表わす形式主語。that's の **that** は「結婚生活が不幸であること」 A **is at the bottom** of B は「A が B の原因になっている」 この文では，次の因果関係が区別されなければならない。

(a) 不健康が不幸せな結婚生活の原因
(b) 不幸せな結婚生活が不健康の原因

翻訳文は (a) と解されているが，(b) が正しく，文意は「彼女の健康がすぐれないのは結婚生活が幸せでないためだと思うんですよ」

レベル 4

8

(1) Never answer a question, other than an offer of marriage, by saying Yes or No.

質問には決して答えないこと。結婚の申し込みに，イエスかノーか答えるときは別だけど。

(2) "About time someone did something about the garden."

「いつか誰かが庭を模様替えしたんですね」

(3) I knew he liked drink and thought, It's an ill wind that doesn't blow some good.

酒が好きだということを知っていたので，これは風むきがよくないという気がした。

(4) If we had to commit murder to get out of an unwelcome engagement, the mortality rate among women would be very high.

もしわれわれがこのいやな婚約を解消させたいという動機で殺しをやったとしても，女性の道徳意識は，まだけっこう高いといえますよ。

(5) Boles got released from the infirmary, and was put in the library. He'd be much easier to get to there.

ボールズは診療所から出され，図書室の仕事につかされた。やつにとって，図書室はたやすく行ける場所になった。

(6) The Swiss citizen does not delegate to the great in the belief that they have the answers.

スイス市民は，自分たちが解答を出すとの信念があるので，偉い人にゆだねることはしない。

解説 (1) **by saying Yes or No** という副詞句は，other than an offer of marriage という挿入句を隔てて動詞 **answer** を修飾する。

正訳例は「質問には決してイエスかノーで答えてはならない ── 結婚の申し込みは別として」

(2) **It is** [**about**, **high**] **time** you **went** to bed.（[そろそろ，もう] 寝る時間だ）のように，It is time ～ のあとには過去形の動詞がくるが，これは『仮定法過去』である。この文は It is が省略された形で，文意は：

「そろそろだれか庭の手入れをしてもいいころですね」

(3) これは **"It's an ill wind that blows nobody any good."**《諺》の形が一部変わったもの。直訳は「だれにも利益をもたらさない風は悪い風だ」であり，一般的な意味は「どんな悪い事態でも，かならずだれかの利益になる」である。

なお，「甲の得は乙の損」という訳を示す辞書もあるが，この諺は「ある人にとって不利なことが，別の人には有利になる」場合に用いられるので，「甲の損は乙の得」でなければならない。

(4) **mortality rate** は「死亡率」　**morality**（道徳[性]）と読み違えた訳である。**If** は「～としても」という『譲歩』を表わすこともあるが，ここでは『条件』で「～ならば」である。文意は「気に入らない（女性との）婚約から抜け出すために殺人を犯さなければならないとすれば，女性の死亡率はきわめて高いものになるだろう」

(5) 刑務所の中。語り手もボールズも服役中。語り手はボールズの口を封じる機会をうかがっている。下線部は「(診療所では困難だったが) あそこ(図書室)だと奴にずっと近づきやすくなるだろう」

これは『後置前置詞』の例で，次のように言い換えてみることができる。〔⇨ p. 207〕

He'd be much easier to get **to** there.
= It'd be much easier to get **to** him there.

(6) **the great** = great people　**they** は『代表単数』で表わされた The Swiss citizen を受けることはなく，the great を指す。

「スイス市民は，指導者たちが答えを知っていると信じ込んで彼らにすべてをゆだねるということはしない」(自ら答えを求める)

レベル5

9

(1) It's bad, but it could be worse.

悪いけれど，もっと悪くなりそうだよ。(経済状況について)

(2) They are surprised by the ease with which they have become contented lovers.

カップルが満たされた恋人同士になった安心感に驚いた。

(3) He was a bachelor. He lived with his sister who was called Emmaline of all names.

独身の彼は，悪名高きエマリーンという姉と一緒に暮らしていた。

(4) There was no treachery too base for the world to commit; she knew that. No happiness lasted; she knew that.

この世の中は，悪のはびこる卑俗なものであることを知っている，幸福が決して続かぬことも知っている。

(5) She retained her serenity by coping with shattering common sense with those difficulties which were too obvious to ignore and by ignoring the others.

はた目にもはっきりわかるほど苦労しながら厄介な常識に対処し，他人はなるべく無視するようにして，精神の平穏を保っていた。

(6) The responsibility for economic and social well-being is general, transnational. Human beings are human beings wherever they live. Concern for their suffering from hunger, other deprivation and disease does not end because those so afflicted are on the other side of an international frontier.

経済的福祉および社会的福祉に対する責任は，普遍的なものであり国境を越えて考えるべきものである。人間は，地球のどこに住んでいても，同じ人間である。だが，飢えや欠乏，疫病に苦しむ人間たちが絶えることがないのは，どんなにひどい苦しみも，国境の向こう側で起きていることだからである。

解説　(1)　**could** は『仮定法過去』で，「場合によってはもっと悪いこともありうる → これくらいならまだましだ，まあまあだ」の意。It **could have been** worse. なら「それくらいで済んでよかった」

正訳例は「悪いのは悪いけど，まあまあってとこかもしれないよ」

(2)　**the ease with which** ～ は，次のように節が結びついた形である。

I was surprised by the **ease** + he won with **ease**. 〔with ease = easily〕
→ with **which**

(彼が勝った容易さに驚いた → 彼が楽々と勝ったことに驚いた)

文意は「彼らが簡単に満ち足りた恋人同士になったことに驚いた」

(3)　**of all** ～ は「数ある～のなかで，よりによって，こともあろうに」

Why should he, *of all* people, get a promotion?

(よりによって彼がなぜ昇進するんだ)

囲みの例でも「(ほかにいろいろ名前があるのに) よりによってエマリーンと名づけられた姉」の意。〔⇨ p. 47〕

(4)　この下線部の構文をもっとわかりやすい例で示せば：

There is no problem too difficult for him to solve.

(彼が解決できないようなむずかしい問題は存在しない)

同様に下線部は次のような意味を表わす。

「この世界が犯すことのできないほど卑劣な裏切りなど存在しない → この世界はどんな卑劣な裏切りでもやってのける」

(5)　**retain serenity**「平静を保つ」(= keep calm)　**shattering**「打ち砕くような」　**the others** = the other difficulties

構文的には She retained her serenity by coping (with shattering common sense) with ～ and by ignoring ～ を確認。

正訳例：「彼女は，無視できない明白な難題には徹底した常識で対処し，その他の問題は無視することによって，平静さを保った」

(6) **not ～ because ...** が表わす二通りの意味関係（この文は(b)）：

I do not respect him because he is rich.

(a) 私は，彼が金持だから彼を尊敬しない。
(b) 私は，彼が金持だから彼を尊敬するのではない。

下線部の正訳例：「飢えやその他の欠乏や病気などによる彼らの苦しみに対する懸念は，そのように苦しむ人々が国境の向こう側に住んでいるからといって，それで終わるものではない」

レベル 5

10

(1) "Not," I said, "that I've anything to go upon. He just struck me as perhaps less unlikely than anyone else."

（彼を犯人と考えたことには）「別に判断の材料があるわけじゃないんですよ。ただ，誰よりもXらしくない人物だという気がするもんですから」

(2) "You ought to get married. Someone with money if you can find her. Not stinking, of course, just beautifully rich."

「あなたは結婚したほうがいいんじゃない？ まあ，見つけられるんだったら，金持がいいわね。もちろん評判の悪い人じゃだめよ。受けのいい金持がいいわ」

(3) He smiled at the huge idiot moon of a clock on the wall opposite.

向い側の壁にかかった時計の巨大で間のびしたまんまるい文字盤ににやりと笑みをおくった。

(4) "I've been faithful to you ever since the day we got married, and a fat lot of thanks or appreciation I've ever had for my fidelity."

「結婚このかた，あたし，あなたにずっと忠実だったし，そのことで, あなたったら, ずいぶん感謝なさっていらしたはずよ」

(5) He would not have said his condition was unhappy, but it could hardly have been less free, short of them putting actual chains on you.

だけどそういう条件つきじゃおもしろくないなんて，やっぱり言わないだろうな。だってそんなこと言ったところでもっと自由になるわけじゃないもの。自由にならないってのはほんとに鎖でしばられるようなもんだ。

(6) In the good society all of its citizens must have personal liberty. Nothing, it must be recognized, so comprehensively denies the liberties of the individual as a total absence of money. Or so impairs it as too little.

「よい社会」では, すべての国民は, 個人の自由を享受できなければならない。そうでなければ, ご承知の通り, 無一文になるのと同じように，個人の自由は完全に否定されてしまうのである。それはいささか大げさな表現だとしても，個人の自由が損なわれることの重大さを軽く考えすぎる人が多いように思う。

解説 (1) **Not that** ～「～というわけではない」　**go** [**up**]**on** ～「～に基づいて判断する」　**strike** ～ **as** ...「～に…という印象を与える」

less unlikely「(～より)犯人らしくなくはない（→犯人らしい)」

cf. less unkind「(～より）不親切でない（→親切だ)」

下線部は「(だれよりも）疑わしい（と思われる)」の意。

(2) **stink**「悪臭を放つ」　**stinking** は副詞として「ひどく」　ここは『共通構文』で，not stinking rich, just beautifully rich の共通要素である rich を一つだけにしてまとめた形になっている。

「もちろん，(鼻もちならないような) 大金持ではなくて，ほどほどの金持だけどね」

(3) (名詞) **of a** ～ は「(名詞)のような～」の意を表わす。〔⇨ p. 19〕

an **angel of a** boy「天使のような少年」(= an *angelic* boy)

この下線部も同じ表現で「でっかい間の抜けた月みたいな時計」

(4) **a fat lot** は，文字どおりには「とてもたくさん，たっぷり」の意であるが，ふつう反語的に「少しも〜ない」の意で用いられる。

A fat lot he knows about music!
（彼は音楽のことなんかまるっきり知りゃしない）

この下線部も，「私がこんなに尽くしてきたのに，あなたから感謝されたことなんてこれっぽっちもないわね」といった意を表わす。

(5) まだ子供である彼が，ことごとに大人や社会から要求されたり禁止されたりする今の境遇についていだくうんざりした気持を述べている。

could hardly have been less free は「否定 + less」の意味関係を誤りやすいが，「これよりも自由でないことはほとんどありえない；これ以上に不自由な状態はありえない（= 最も不自由な状態にある）」の意。

short of them putting actual chains on you　short of 〜 は「〜を除いて，〜以外は」　them は動名詞 putting の『意味上の主語』で，「彼ら（= 大人たち）が自分に実際に鎖をかけること」

全文の訳例は次のようなものになる。

「彼は自分の境遇が不幸なものであるとは言わなかっただろうが，それは，彼らに本当に鎖をかけられることを除外すれば，これ以上に不自由な状態はありえないと思われるほどのものだった」

(6) 下線部の前半の文の内容を簡略に言い換えてみれば：

Nothing denies our liberties **so** completely **as** having no money.
（金がないことほどわれわれの自由を完全に否定するものはない／金がないことが最も完全にわれわれの自由を否定する）

後半の文では，前文と同じ主語が省略されている。

Or [nothing] so impairs it as too little.

too little は，前文の **total absence**（金が全くないこと）に対して，「金が足りない」こと。it は（前文では liberties と複数になっているが）「個人の自由」を指す。下線部は次のようにまとめられる。

「認めておかなければならないことであるが，金が全くないことほど，個人の自由を全面的に否定するものはない。また，金が足りないことほど，その自由を損なうものはない」

Part 4

こんな誤訳もある

こんな誤訳もある

§1 広　告　文

ある新聞広告より。英文は，よく知られた国産ウイスキーを推奨する，著名な外国人によるコピーである。ウイスキーの名前は，ここでは実名ではなく，「山桜」としておく。

> 'Yamazakura' is to whisky what a cube is to geometry; a new dimension in a flat universe. (Vincenzo Natali)
>
> ウイスキーにとっての“山桜”は，私の映画「CUBE」にとっての幾何学。それは平板な宇宙に出現した新しい次元。

解説 カナダの映画監督ヴィンチェンゾ・ナタリの文である。やや微妙な要素も含まれるが，訳文には，確認すべき点が二つある。

一つは構文にかかわる誤りであり，他は語義とその訳し方にかかわる問題を含むものである。

● まず，構文に関して。下線部を含む英文は，よく注意される次の形式で構成されている。

A is to B what C is to D.
「A の B に対する関係は，C の D に対する関係と同じだ」

この文の A，B，C，D を具体的に示せば，

〈山桜〉:〈ウイスキー〉=〈a cube〉:〈幾何学〉

である。したがって下線部の C，D の要素の配置は，この訳のように

〈CUBE〉にとっての〈幾何学〉

ではなく，

〈幾何学〉にとっての〈CUBE〉

でなければならない。

●次に，“a cube”の語義と，この文脈でのその訳し方について。

訳文では“a cube”が“CUBE”に変えられて「映画名」になってしまっているが，“a cube”は「立方体」である。したがって，この文は一般的には，

「“山桜”はウイスキーにとって，幾何学にとっての立方体［のようなものである］」

のように訳される。

●ただし，この監督には“*CUBE*”と題する話題作がある。謎の「立方体」に閉じ込められた男女六人の脱出劇を描いたもので，異色のサスペンスとして知られる。

したがって，確かに“私の映画「CUBE」”は実在するが（また，訳者がこの作品を尊重する気持に動かされたことも察せられるが），この文で“a cube”を映画名の“CUBE”に変えて訳すことは適当ではない。やはり，この下線部は，セミコロン（;）のあとに続く「平らな宇宙における新しい次元」に意味上直結するように，“a cube”はそのまま「立方体」と訳し，全体としてのこの広告文の，

「“山桜”はウイスキー界において，“二次元の世界に新しく生まれた三次元”にもたとえられる，画期的なウイスキーである」

という趣旨をよく伝える訳文を選ばなければならない。

作品“CUBE”にかけて“a cube”を用いた原文の「妙味」は，残念ながら訳文では表わすのは無理であって，〔注〕などで説明するか，読者の映画の知識にゆだねることにするしかない。

● **“A is to B what C is to D.”について。**

この構文が表わす意味関係とその訳し方を正しく把握するためには，次のような文法的事項の理解が必要である。

〔例文〕 Air is to us [what water is to the fish].

〔直訳〕 空気はわれわれにとって［魚にとって水がそうである［ところの］もの］だ。

ⓐ この“what”は関係代名詞で，名詞節（［　　　］）を導く。

ⓑ 文型的には，これは，ふつう次の (1) のような語順をとる文における「補語」の要素であり，この補語が長いために，(2) のように文尾に移されたものである。

{(1) Air is [　　] to us.（空気はわれわれにとって [　　] だ）
{(2) Air is to us [　　].

たとえば，補語が (1)短い場合と，(2)長い場合の例：

{(1) He is [a friend] to me.（彼は私にとって [友人] だ）
{(2) {(イ) He is [a very special friend] to me.
　　{(ロ) He is to me [a very special friend].
　　　（彼は私にとって [非常に特別な友人] だ）

(2) において，補語がこの程度の長さであれば (イ) と (ロ) の両方の位置をとりうるが，さらにずっと長くなった場合は，(ロ) の語順のみが自然な形として用いられる。

ⓒ A is to B what C is to D. は，この (ロ) の形をとった固定表現である。

ⓓ ただし，この語順のほか，次のように *what-*節が前に出る形が用いられることもある。訳し方は同じである。

What water is to the fish air is to us.
（空気はわれわれにとって，ちょうど魚に対する水のようなものだ）

● この形の文として，(1) 以前から最も よく引かれる文と，(2) その類例，および，(3) 上の ⓓ の語順をとる例を，示しておく。

(1) Reading is to the mind what exercise is to the body.
(Richard Steele)
（読書は精神にとって，肉体に対する運動のようなものである）

＊ **what** の代わりに **as**(接続詞)を用いても同じ意味を表わす。

(2) Problems are to the mind what exercise is to the muscles, they toughen and make strong.
（問題は精神[知脳]にとって，筋肉にとっての運動のようなものだ。それは鍛え，強くする）

(3) What sunshine is to flowers smiles are to humanity.
（笑顔は人類にとって，花々にとっての太陽のようなもの）

§2　映画・テレビの字幕

字幕は，限られた字数で訳をまとめなければならないという絶対条件があるので，訳文は文脈に応じて適当に簡略化されるのがふつうである。その際，字数を切りつめて作られた訳文の，英文との対応が，不正確・いい加減・不適切といった感じを与える場合もある。

その場合を大別すれば，字幕の訳文が，〔A〕スペース制限の条件とはかかわりなく「誤訳は誤訳」として認められなければならないものと，〔B〕英文の内容との隔たりが認められるが，それが簡略化に伴うある程度やむをえない不適訳であって，「誤訳」とはきめつけられないものがある。

〔A-1〕 ふつうの文や慣用的な表現の，字幕での誤訳

(1) I hope you don't mind I called you, Jane.	あ，ジェインと呼んでいい？
(2) Never say die.	死んだとは言っていません。
(3) He's tough. I'm surprised <u>the bullet didn't bounce off his chest</u>.	彼はタフだし，<u>弾丸(たま)は急所をはずれていた</u>んだ。
(4) "You want to see America?" "<u>Some time</u>."	「アメリカ見たい？」 「<u>時にはね</u>」
(5) "We very much appreciate your having returned, but your place is the operating table." "<u>I couldn't agree more</u>."	「戻られたことは喜ばしい。でもあなたの働く場所は手術室です」 「<u>承知できない</u>」
(6) "This article is so terribly important to you." "<u>It couldn't be less important</u>."	「この論文は君にとってとても重要かね？」 「<u>粗末にはできません</u>」

解説 (1)　この **call** は「呼ぶ」ではなく「電話をかける」の意で，正しくは「ジェイン，あなたに電話したこと気にしてないわよね」に類した訳になる。

もしコンマがなくて "... I called you Jane." ならば「あなたをジェインって呼んだ［けど，かまわないわね］」

(2)　**Never say die.**　は慣用表現で，「決してあきらめるな，弱音を吐くな，がんばれ」といった意味を表わす励ましの言葉である。

(3)　下線部は「弾丸が彼の胸からはね返らなかった［ことに驚く］」の意。タフな彼の胸に当たった弾丸が「よくはじき返されなかったものだな」と大げさに驚いてみせている。

(4)　**sometimes** は「ときどき，ときには」であるが，**some time**（または sometime）は「いつか，そのうち」の意。

(5)　**I couldn't agree more.** 直訳は「これ以上に賛成することはできないだろう」で，最高度の同意を表わす。ふつう「まったく同感です／あなたのおっしゃるとおりです」などと訳される。〔⇨ p. 16〕

(6)　**It couldn't be less important.** (5) の couldn't ～ more に対する couldn't ～ less の例で，直訳は「これよりも重要でないことはありえない」で，最低限の重要さを表わし「全然重要ではありません」の意。よく用いられる慣用的な言い方に "**I couldn't care less.**"（私は全然気にしない／僕の知ったことではない）

〔A–2〕 映画化された小説の，翻訳と字幕の訳文を比較して

〈 原作とその翻訳文 〉

① "I do not attempt to deny," said she, "that I think very highly of him —— that I greatly esteem, that I like him."

Marianne here burst forth with indignation:

② "Esteem him! Like him! Cold-hearted Elinor. Oh! worse than cold-hearted! Ashamed of being otherwise. Use those words again, and I will leave the room this moment."

Elinor could not help laughing. ③ "Excuse me," said she, "and be assured that I meant no offence to you, by speaking, in so quiet a way, of my own feelings. Believe them to be stronger than I have declared; ......"

①「わたしがあの人をとても尊敬していることは，否定しようとは思わないわ ―― 大いに評価してるし，好感を持ってることはね」

マリアンはここで憤然として声を張り上げた ――

②「評価！ 好感！ 姉さんて冷たい人ねえ！ まあ！ 冷たいよりもっと悪いわ！ ほんとの気持を恥じるなんて。もう一度そんな言い方をしたら，わたしはすぐにもこの部屋から出ていくわよ」

エリナは思わず声をあげて笑ってしまった。③「ごめんね，自分の気持をずいぶん控え目に言ったのはべつに悪気があってのことじゃないのよ。いま自分で告白したよりも強い気持だって思ってくれていいわ。

〈 映画の英文と字幕の訳文 〉

（姉の Elinor が妹の Marianne に，"彼"に対する気持を説明する）

E：① I do not attempt to deny that I think very highly of him —— that I greatly esteem him, I like him.	あの方は　とても立派な人よ だから―― 尊敬してるわ　好きよ
M：② Esteem him! Like him! Use these insipid words again, and I shall leave this room this instant.	尊敬している？ つまらない言葉 私　出てくわよ
E：③ Very well, forgive me. Believe my feelings to be stronger than I have declared.	悪かったわ でも正直な気持ち 今　言った通りなの

解説　**原作の英文**の中の下線部 ①, ②, ③が, **映画の台詞**①, ②, ③と対応するが, ① と ② の字幕は簡略化されてはいても英文の要旨を伝えている。これに対して ③ の字幕の二重下線部は, 字幕のうえでの会話の流れはいかにも自然であるが, 明らかに英文の内容とは別のことを言っている。並べてみれば,

〈**英文**〉「私の気持は今言った言葉より強いのよ」

〈**字幕**〉「私の正直な気持は今言った通りなの」

〈字幕〉は,〈英文〉が比較表現を用いて明確に伝えようとした内容をゆがめて, 文脈的には全く違和感はないが別の内容を述べる訳文にまとめてしまっていることがわかる。

このような原文の内容との食い違いをみせる訳文は, やむをえない「簡略訳」とは区別される「誤訳」として認めなければならない。

〔B〕 映画化された小説の, 翻訳と字幕の訳文を比較して

〈 原作とその翻訳文 〉

He answered gently: 'I understand. But just at first don't let go of your old friends' hands: I mean ①the older women, your Granny Mingott, Mrs Welland, Mrs van der Luyden. They like and admire you — they want to help you.'

She shook her head and sighed. '②Oh, I know — I know! But on condition that they don't hear anything unpleasant. Aunt Welland put it in those very words when I tried ... ③Does no one want to know the truth here, Mr Archer? ④The real loneliness is living among all these kind people who only ask one to pretend!' She lifted her hands to her face, and he saw her thin shoulders shaken by a sob.

彼はやさしく答えた。「分かりますよ。しかし, 最初は年上のお友達の手を離さないように。①ミンゴット御祖母様, ウェ

ランド夫人，ヴァン・ダー・ライデン夫人といった年長の方たちです。あの方たちはあなたが好きで，称賛し，助けたいと思っていられるのです」

彼女は首を振り，ため息をついた。「②ええ，よく分かっております。でも，不快なことは何一つ聞かないという条件でなの。ウェランド伯母様がまさにそういう言葉でおっしゃったの。私がしようとした時 ──。アーチャー様，③ここではどなたも真実をお知りになりたくないのですか。④本当の孤独は，振りをすることだけを要求なさる，ご親切な皆様に囲まれて生きることですの」彼女は手で顔を覆った。アーチャーは彼女の痩せた肩がすすり泣きで震えるのを見た。

〈映画の英文と字幕の訳文〉

Archer	① All the older women like and admire you ── they want to help you.	年配のご婦人方が助けてくれる
Ellen	② I know, I know, as long as they don't hear anything unpleasant.	私のデマに愛想をつかすわ
	③ Does no one here want to know the truth, Mr. Archer?	NY では誰も真実を知ろうとしないの？
	④ The real loneliness is living among all these kind people who only ask one to pretend!	うわべは親切でも冷たい人ばかり みんな偽善者よ

解説　映画のほうの英文と字幕を比べてみて，その対応に隔たりが感じられるのは ② と ④ である。

②の簡略化を内容的にたどってみれば，「〈直訳〉ええ，わかってるわよ，彼女たちが［私について］いかがわしい噂を耳にしないかぎりは［私に好意をいだき助けてくれるでしょう］」は，裏を返せば「いかがわしい噂を聞けば私に愛想をつかすでしょう」ということになり，字幕の

ような短い訳にもつながる。

これ対して ④の英文は,「本当の孤独は，うわべを繕うことを求めるだけの親切な人々のなかで暮らすこと」という,「孤独」を主題とする文である。したがって字幕のような「みんなうわべだけ親切な偽善者」だけでは，テーマが抜け落ちた訳文になってしまい，英文の趣旨は伝わらない。ただこの場合は,〔A-2〕の例のように，原文に反する内容を伝えることにはならず,「適切な簡略訳」とは微妙な一線を画さなければならないが,「誤訳」とはみなさないのがふつうである。

§3　歌　　詞

歌詞（Lyrics）の訳では，言葉だけでなく，それぞれの歌の曲調などにもかかわる芸術的表現としての原文の文体的な特徴や味わいをなるべく伝えたいという配慮も強く働くので，ふつうの散文における原文に対する直訳的な正確さという尺度は一応はずされる。歌詞としての字数の制限もあり，原文の字句からのかなりの隔たりを感じさせる自由な訳し方も許容されるが，その隔たりが一般的な誤訳として認められなければならない場合もある。

〔A〕 原文の表現をそのまま訳出しにくい場合

Now I've gotten in too deep
For every piece of me that wants you
Another piece backs away

今はすっかり深みにはまっている
僕のすべてが君を必要としていて
後ずさりしてるところもある

解説　まず語法的にはForの用法が正しく理解されていなければならない。このforは,「～に対して，～につき」といった『割合』を表わす用法で，典型的な用例は次のようなものである。

For every five who passed, there were three who failed.
(合格者五名に対して不合格者三名の割合だった)

次に，この下線部の内容は，説明的には，

「私には君を求める[複数の]部分があるが，その部分すべての一つ一つに対して，しり込みして君から離れようとする部分がある」

ということであり，直訳は，

「君を求める僕の部分の一つ一つすべてに対して，後ずさりする別の部分がある」

のようなものであるが，もちろんこれでは「歌詞」の体をなさない。「君に強く引かれる一方で，怖(お)じ気をふるう気持も強い」という思いを，独特の言い回しで表わした英文であるが，その味わいを歌詞としての訳文にそのまま移すことは困難である。

〔B〕 ふつうの誤訳とみなされる場合

《**1**》Welcome to the Hotel California
Such a lovely place
Such a lovely face

Plenty of **room** at the Hotel California
Any time of year
You can find it here

ホテルカリフォルニアにようこそ
とても素晴らしい所
とてもすてきな外観

ホテルカリフォルニアにはたくさんの**部屋**がある
一年中，いつでも

解説 同じ名詞が可算語としても不可算語としても用いられ，それぞれの場合の意味をはっきり区別しなければならないものがある。

paper（紙：新聞），　work（仕事：作品），*etc.*

room も同様で，可算名詞としては「部屋」，不可算名詞では「場所，余地，空間」などの意味を表わす。したがって，

plenty of *room*（たっぷりした場所，ゆったりした空間）
plenty of *rooms*（たくさんの部屋）

と区別される。続く文 Any time of year you can find **it** here.（一年中いつでも　ここにはそれがある）の it は plenty of room という単数名詞を受けており，かりに rooms ならばもちろん it ではなく them で受けることになる。

《**2**》Tell me the reality is better than the dream
But I found out the hard way
Nothing is what it seems!

現実は夢よりもましだと言ってくれ
だが難しそうだ
すべてが違っているんだ！

解説　the hard way は「困難を経験して，いろいろ苦労して，失敗を重ねて，つらい思いをして」などの意を表わす。

Nothing is what it seems. の逐語訳は「いかなるものも，それが見えるとおりのものではない」

したがって，下線部の直訳は次のようなものになる。

しかし私は苦労してやっと知った
見かけどおりのものは何もないということを

《**3**》And I've seen people try to change
And I know it isn't easy
But nothin' worth the time ever is

今まで変わろうとしてる人たちを見てきた
そしてそれは簡単じゃないことも知ってるわ
だけど時間が何よりも意味を持つのだから

解説　この下線部では，押えておくべき点が三つある。否定詞の意味関係と，worth の用法と，「省略」構文である。

この文は，説明的に次のように補ってみることができる。

Nothing [which is] worth the time is ever [easy].

（時間をかけるだけの価値のあるものが容易であることは決してない）

文型は　S (Nothing) + V (is) + C（省略された easy）である。

ever は否定詞（ここでは Nothing）といっしょに用いて never に通じる意味を表わす。

None of them have **ever** heard of such a thing.
Such a thing has **never** been heard of by **any** of them.

（彼らはだれも今までこんなことを聞いたことがない）

§4　大統領就任演説

2009 年 1 月 20 日に就任したオバマ大統領の就任演説（Inaugural Address by Barack H. Obama）は，歴史的な名演説として，各種のメディアによって詳しく報道・解説されたが，この演説中の一文を借りて，内容的に大意は伝えても語法的に正しい意味を伝えていない訳文の場合を考えてみる。

And yet, at this moment, a moment that will define a generation, it is precisely this spirit that must inhabit us all.

For as much as government can do and must do, it is ultimately the faith and determination of the American people upon which this nation relies.

〔問題箇所は下線部（For と as much as の用法）なので，《2》以下は下線部を含む文の訳のみを示す〕

《1》〔**新聞 A の訳**〕

そして今，一つの時代が形作られようとしている今，私たちすべてが抱かなければならないのがこの精神だ。

なぜなら，政府はできること，しなければならないことをするにせよ，この国が依存するのは，究極的には米国人の信頼と決意であるからだ。

《2》〔**新聞 B の訳**〕

政府はやれること，やらなければならないことをやるが，詰まるところ，わが国がよって立つのは国民の信念と決意である。

《3》〔**英文週刊紙の解説文の中の訳**〕

政府がやれること，またやらなければならないことに対して，つまるところ，この国が依存しているのは国民の信念と決意である。

《4》〔**CD 付き対訳書 A の訳**〕

たしかに，政府にできること，やらなければならないことはあります。でも，結局のところ，この国の拠りどころは，アメリカ国民の揺るぎない信念と決意なのです。

《5》〔**CD 付き対訳書 B の訳**〕

政府はできるかぎりのことをして，可能なかぎりのことはやらなければなりませんが，アメリカ人が最終的に頼るのは，この国の人たちの信念と決意です。

解説　この **For** は「理由」を表わす「接続詞」であって，すぐ前に述べたことに対して，その理由や根拠となることを「なぜならば〜だからだ」と付加的に述べる。直接の理由を表わす because とくらべ，for のほうが文語的で，書き言葉で多く用いられる。

They hesitated **because** they were afraid.

（彼らは怖かったのでためらった）

They hesitated, **for** they were afraid.

（彼らはためらった，怖かったので）

＊ for は，ふつう，先行する主節とのあいだをコンマで区切って用いられるが，この演説文では前文をピリオドで区切り，独立した文の頭に For が置かれる形をとっている。〔⇨ p. 78〕

＊ 上の訳例のなかで，この，大切な意味のつながりを示す For を訳に示したのは《1》だけである。

＊《3》では，For は「〜に対して」という「前置詞」としての訳が

与えられている。つまり as much as ～を名詞節（「～こと」）と解し，For はこの名詞節を目的語とするものと解されている。

● **as much as government can do** ... の as は「譲歩」の意味（「～だけれど」）を表わす用法である。たとえば「寒かったけれど彼女は出かけた」は，次の三つの形が可能である。

(1) **Though** it was cold, she went out.

(2) Cold **as** (*or* **though**) it was, she went out.

(3) **As** cold **as** it was, she went out.

(1) がふつうの言い方で，(2) と (3) のほうが強意的であり，(3) は《米》でよく用いられる形である。演説文ではこの (3) の形が用いられているが，much を用いた類例を一つ：

[**As**] much **as** I respect your opinion, I can't agree.
(君の意見は大いに尊重するが，賛成はできない)

＊ したがって，この構文を踏まえた下線部の忠実な訳は次のようになる。

「**なぜならば**，政府ができること，しなければならないことは**たくさんありますが**，この国が拠り所とするのは，究極的にはアメリカ国民の信念と決意であるからなのです」

● 以上を考えたうえで，**For** で結びつけられる前後の文の意味関係（「…，**なぜならば～**」）を確認しておく。「国民が主役」として，国民一人ひとりに責任の自覚を訴えることも，この演説の基調の一つである。

「私たちアメリカ人はみなこの精神をもたなければなりません。なぜならば（もちろん政府にもできること，なすべきことはたくさんありますが）究極的には，すべてのアメリカ人の信念と決意にこそ，この国の命運がかかっているからです」

＊「この精神」とは，the spirit of service（奉仕の精神）である。この部分に先行する一節（Paragraph）を（一部省略して）訳せば次のようになる。

私たちは，私たちの前に拓けてゆく道を考えるとき，今この瞬間にも，はるかな砂漠や山々をパトロールしている勇敢なアメリカ人のことを，つつましい感謝の念をもって思うのです。私たちが彼らをたたえるのは，彼らが私たちの自由を守っていてくれるからだけではなく，彼らが奉仕の精神を ── 自分よりも大きいものに進んで意味を見いだそうとする精神を ── 体現しているからなのです。そして今，この瞬間に ── 一つの時代を決定することになるこの瞬間に ── 私たちがみな宿さなければならないのは，まさにこの精神なのです。

It is the kindness to take in a stranger when the levees break, the selflessness of workers who would rather cut their hours than see a friend lose their job which sees us through our darkest hours.

《1》〔**新聞 A の訳**〕
最も難しい局面を乗り切るのは，堤防が決壊した時に見知らぬ人を招き入れる親切心であり，友人が仕事を失うのを傍観するよりは自分の就業時間を削減する労働者の無私の心だ。

《2》〔**新聞 B の訳**〕
堤防が決壊した時，見知らぬ人をも助ける親切心であり，暗黒の時に友人が職を失うのを傍観するより，自らの労働時間を削る無私の心である。

《3》〔**CD 付き対訳書 A の訳**〕
どんなに暗い時代でも，堤防が決壊したときに見知らぬ人を自宅に招きいれるやさしさや，友人が職を失うのを見るよりは自分の労働時間を短縮しようとする労働者の私利私欲のない心は，一筋の光明となって輝いています。

《4》〔**CD 付き対訳書 B の訳**〕
堤防が決壊したときに見知らぬ人を受け入れる思いやり，友人が仕事を失うくらいなら自分の労働時間を削ったほうがましだという無私の精神，そういったものが最悪の時を切り抜けさせてくれるのです。

解説　これは It is ～ that (which, who)... の形の強調構文であり，ふつう「…なのは～だ」，「～こそ…だ」のように訳される。この文で強調されている要素がよくわかるように，修飾語句を［　　］に入れて訳を示せば，次のようになる。

私たちにこの最悪の難局を切り抜けさせてくれるのは，［堤防が決壊したときに見知らぬ人を招き入れる］優しい心，［友人が仕事を失うのを見るよりはむしろ自分の就業時間を削ろうとする］無私の精神なのです。

上の四種の訳文のうち，この英文の意味を正しく伝えているのは《1》と《4》である。《2》と《3》は英語の構文を踏まえずにまとめられた訳文の例として参考になる。

§5　複数訳者による重複誤訳

同じ作品が複数の訳者によって翻訳されることがよくあるが，その場合，〔A〕ある翻訳におけるある箇所の誤訳が別の翻訳では正訳になっている場合もあれば，〔B〕同じ箇所の誤訳が重複する場合もある。また，〔C〕翻訳が多種ある作品では，同一箇所について複数の正訳と複数の誤訳が存在する場合もある。

〔A〕　ある翻訳では誤訳，別の翻訳では正訳

At the very end of the book a last chapter to go of the first draft, she had one night got out the carton and **lay** on the bed, rereading, to see if the book was any good.

《訳 A》

この小説のどんじりのところ，最初の草稿の最終章にとりかかったところで，ある夜彼女はボール箱をとり出してベッドの上に**置き**，この作品になにかとり柄があるものか，と読み返してみた。

《訳 B》

その小説の最後の部分，初稿の最後の章まできた晩，彼女は箱をとりだし，ベッドに**横になった**まま，作品の出来はどうかと読み直しにかかった。

解説　ごく初歩的な誤りである。

lie《自》（横たわる）— **lay** — lain
lay《他》（横たえる）— laid — laid

ここは自動詞の過去形であるから，《訳 B》が正しい。
《訳 A》に対応する英語は ... and **laid it** on the bed である。

It's October, a damp day. From my hotel window I can see too much of this Midwestern city. I can see ①<u>lights coming on in some of the buildings</u>, ②<u>smoke from the tall stacks rising in a thick climb</u>. ③<u>I wish I didn't have to look</u>.

《訳 A》

いまは十月，雨が降っている。ホテルの窓からこの中西部の町がいやというほど見える。①<u>よそのビルの灯りがあちこちから入ってくるし</u>，②<u>高い煙突から煙がぼってり立っている</u>。③<u>見ずにすめばよかったのにと思う</u>。

《訳 B》

じめじめとした十月の日。僕の泊ったホテルの窓からは，たっぷりすぎるくらいたっぷりと，この中西部の市街が見渡せる。①<u>いくつかのビルディングの窓には灯がともり</u>，②<u>そびえたつ煙突から立ちのぼる煙は厚い雲の中へと吸い込まれていく</u>。③<u>見れば見るほどうんざりする眺めだ</u>。

解説　**下線部** ① の come on は「(明かりが) つく」の意で《訳 B》の訳が正しい。

下線部 ② では《訳 A》が正しい。smoke ... rising in a thick climb の **climb** は「登(上)ること」 a thick climb は「密度の濃い状態で(煙が) のぼっていくこと」 **in** は「形状」を表わす場合で，たとえば "*in* a circle"（輪になって），"*in* a row"（一列になって）などに類する。ということで，この部分は「煙がもくもくと立ちのぼっていく」状態を描いている。

《訳 B》の「厚い雲の中へ」という訳は，climb を cloud と読み違え，in を into と混同して（すなわち into a thick cloud といった形に読み替えて）作られたものと考えられる。

下線部 ③ は，“I wish”のあとに「仮定法過去」(didn't have) を用いて「現在」の事実と反対の願望を述べているので，正しくは，

「見ずにすめばいいのにと思う」

である。

《訳A》のように「見ずにすめばよかったのに」と訳せば，「過去」の事実と反対の願望を表わすことになる。次の区別は，文法でも基本的なこととしてよく注意される。(a) では「仮定法過去」が，(b) では「仮定法過去完了」が用いられている。

(a) I wish I **didn't have** to look.（見ずにすめばいいのに）
〔↔ I'm sorry I **have** to look.（見なければならないのは残念だ）〕

(b) I wish I **hadn't had** to look.（見ずにすめばよかったのに）
〔↔ I'm sorry I **had** to look.（見なければならなかったのは残念だ）〕

《訳B》の「見れば見るほどうんざりする眺めだ」という訳は，一見原文からのかなりの隔たりを感じさせるが，これは，「～したくない」という強い気持を，原文では「祈願文」によって表わしているのに対して，訳文のほうは「平叙文」の形で強意的に表わしたものであって，その点で内容的な食い違いはない。したがって，この隔たりは，「正か誤か」ではなく，「訳し方の工夫」の範囲といった見地から適否を考える上での好材料を提供している。

〔B〕 二つの翻訳で，両方とも誤訳

In the late fall, after a long year and a half of voyaging among more than twenty publishers, the novel had returned to stay and he had hurled it into a barrel **burning** autumn leaves, stirring the mess with a long length of pipe, to get the inner sheets afire, and Mitka, although not a sentimentalist, felt as if he had **burned** (it took a thick two hours) an everlasting **hollow** in himself.

《訳 A》

秋も深まってから，その原稿は二〇以上の出版社をたらいまわしにされたあげく，ついにつき返されてきたのだ。そこで彼は，秋の落ち葉を**焼いている**くずかんのなかに投げこみ，束のなかまでよく焼けるように，長いパイプでかんのなかみをかきまわした。そこでミトカは，センチメンタリストではなかったが，自己の内部に巣喰った永劫の**空洞を**，（えんえん二時間がかりで）**焼きはらった**ような気がした。

《訳 B》

その小説は二十以上の出版社をめぐりあるいた後，秋も晩（おそ）くなってから，ついに彼のもとにもどってきたのだった，そして彼はそれを秋の枯葉の**燃えている**ドラム罐のなかに投げこみ，原稿の内側（なかがわ）まで火のつくようにと，長い鉄棒でつついた。そしてミトカは，感傷家でなかったけれども，まるでそれが自分の内部にある永遠の**空虚さの燃える**（しかも二時間もかかった）光景と感じられたのだった。

解説　この文では burn が二箇所で用いられていて，二通りの用法を示している。類例として，dig の場合を合わせてみてみる。

(a) **burn** old papers　（古い書類を焼く）
(b) **burn** a hole in the rug　（じゅうたんに焼け穴をつくる）

(a) **dig** the ground　（地面を掘る）
(b) **dig** a hole in the ground　（地面に穴を掘る）

例文の点線部の **burn** autumn leaves（落ち葉を焼く）は (a) と同じ用法で，誤解が生じる余地はない。

これに対し下線部の **burn** an everlasting hollow の場合は (b) に類し，目的語(hollow)は「焼いた結果生じるもの」を表わしている。〔日本語の「お湯を沸かす」（＝水を沸かして湯にする）もこれに似る〕

《訳 A》の「空洞を焼きはらう」という訳は (a) と同じ意味関係を表わし，「焼きはらって空洞をなくしてしまう」ことになるが，正しくは「焼いて空洞をつくる」であって，「(苦心して書いた原稿を焼いてしまうことによって）自分の中にぽっかりと永遠の空洞をつくってしまった

ように感じた」のである。(《訳 B》は原文を離れた創作的な誤訳である)

● 日本語でこれに似た状態を描いた文を引いてみる。

それは有難いことだけれど，心にぽっかりと空いてしまった穴は，もうふさがらない。

(宮部みゆき『本所深川ふしぎ草紙』)

… いつまで経っても埋まらない，何をもってしても埋められない，暗くてひんやりとした冷たい穴が胸のうちにぽっかりとあいてしまった …

(丸山健二『牙に蛍』)

● **burn a hole** に類した表現として **gash a hole** を用いた例とその訳し方も参考になる。

Had there been an axe handy, a poker, or any weapon that would have **gashed a hole** in his father's breast and killed him, there and then, James would have seized it.

―― Virginia Woolf : *To the Lighthouse*

《訳 A》 もし，その時その場に，父親の胸に**穴をあけて**一思ひに殺してしまふことのできさうな，斧か，灰掻きか，何か手頃の武器があつたなら，ジェームズの手はそれを摑んでゐたかも知れない。

《訳 B》 もし，この父の胸に**一撃をあたえて**殺すことのできる，手斧なり，火掻きなり，なにかそんな武器があったら，とたんにジェームズは手をかけたことだろう。

《訳 C》 もしあたりに手斧が，火かき棒が，何でもよい父親の胸に**あなをぶちぬいて**殺すことの出来るものがあったなら，ジェイムズは，やにわに，それを摑んだであろう。

＊ **gash** は「深い切り傷をつける，深く切り裂く」の意。したがって gash a hole は「ぐさりと［切り裂いて］穴をあける」といった，すさまじい感じを伴う。

《訳 B》の「一撃をあたえ」に一般的に対応する英語は strike, give (strike) a blow などであって，「穴をあける」ことが表わされなければならないこの gash a hole の訳としては不適切である。

The good Anna had high ideals for canine chastity and discipline. The three regular dogs, the three that always lived with Anna, Peter and old Baby, and the fluffy little Rags, who was always jumping up into the air just to show that he was happy, **together with** the transients, the many stray ones that Anna always kept until she found them homes, were all under strict orders never to be bad one with the other.

《訳 A》

お人好しのアンナは犬の純潔と訓練に対して高邁な考えをもっていた。三匹の常連，アンナといつもいる三匹の犬，つまりピーターと老いぼれベイビーと毛のムクムクしたちっちゃなボロ，このボロの奴は調子のいいことを見せびらかすために，アンナがいつも持主がみつかるまでおいてやる迷い犬の居候たち**といっしょに**とびはねたりするのだが，この連中はそこにある厳格な序列でお互いに仲たがいするようなことはなかった。

《訳 B》

人のいいアナは犬の貞操と躾については理想が高かった。常連の三匹，アナといつもいっしょに暮らした三匹の犬は，ピーターと，年寄のベイビーと，毛がフワフワしたちびのボロで，このボロ公ときたら機嫌がいいところを見せびらかすために居候**と**，つまり貰い手が見つかるまでアナが預かっている野良犬たち**と，いっしょに**ピョンピョン飛び上がったりして大騒ぎするが，いったいに犬たちはみんなおたがいに悪いことをしないようにとアナのきびしい監視の下にいた。

解説　《訳A》，《訳 B》ともに **together with** ～ は「(ボロが他の居候の犬たち) **といっしょに** (とびはねる)」と解されているが，正しくは「とびはねる」のはボロだけである。together with ～ の簡単な用例は次のようなものである。

The mayor, **together with** his wife, arrived.

（市長が，夫人とともに，到着した）

I sent her a gift, **together with** a letter.

（私は彼女に，手紙を添えて，贈り物を送った）

すなわち，A together with B の形で「B といっしょに A が(を)，B とともに A が(を)」の意を表わす。

囲みの例で，下線部を含む文全体（The three regular dogs ... with the other.）の中で，A と B の要素を正しく特定することがまず必要であるが，修飾語句を除き，述語を加えて示せば：

The three regular dogs ... , **together with** the transients ... , were all under strict orders ... .

（三匹の常連の犬は…居候の犬たちとともに［…するようにと］厳重に命じられていた）

●念のため，この文全体の訳文を，原文との対応がわかりやすい形でまとめておく。

アンナといつもいっしょに暮らしている**三匹の飼い犬たち**（つまり，ピーターと老犬のベイビーとむくむくした小犬のボロ――このボロは嬉しいことを示すためにしょっちゅうぴょんぴょんとびはねているのだが）**は，居候の犬たち**（つまり，住みつく所を見つけてやるまでアンナがいつもおいてやっている野良犬たち）**とともに**，絶対に仲違いしないように厳しくしつけられていた。

'If anything ever happened to me, I'm sure I could trust those fellows to take responsibility; Bonnie by herself — Bonnie wouldn't be able to ①carry on an **operation** like this ...'

'You're a *young* man. Forty-eight. And from the looks of you, from what the medical report tells us, ②we're likely to have you around a couple of weeks more.'

《**訳 A**》

「もしこのわたしに万一の事でも起ったら，そういう連中がちゃんと責任を取ってくれる，そうわたしは信じることができるんだな。女房のボニーだが―あれも①これまでのような**手術**を，そういつまでもつづけてゆくわけもなかろうし…」

「あなたはまだお若いですよ。四十八歳じゃありませんか。あなたのお顔の色から見ても，医者の診断書から判断しても，②満期をもうちょっとお延ばしになってもよさそうでございますね」

《訳 B》

「わたしに万一のことがあるとしてもだ，彼らがしっかりあとを引き受けてくれるだろう。そう信じても間違いないな。ボニーも独りでは――①こんなふうに経営を続けていくことはできないだろうから…」

「あなたはまだまだお若いですよ。四十八歳でしょう。お見かけからしても，健康診断書からしても，②二週間もあれば審査を通るでしょう」

解説　この例では，二箇所のうち，①では一方だけ，②では両方が，誤訳になっている。

下線部 ① の carry on an operation は，ここでは「手術」とは関係なく，「事業を継続する」の意。この文脈における operation の内容は「農業関連の事業，農業経営」である。この表現は，文脈によっては「(一回の) 手術を (中断せずに) 続ける」の意を表わすこともあるが，《訳 A》の「これまでのような手術を，いつまでもつづけてゆく」のような「これからも続けて行なう」といった意味では用いない。

なお，**carry out** an operation は「手術 (事業) をやりとげる」で，on は「継続」，out は「完遂」を表わす。

下線部 ② の around は「存在して，生きていて」の意を表わす用法で，「あなたは恐らく当分はご健在のことと思います」という内容を，あからさまに「生き[てい]る」の意を表わす語 (たとえば live, alive) を用いず，いわば婉曲的に，しかしくだけた感じの言葉遣いで述べている。

a couple of weeks は，文字どおりには「二，三週間」であるが，この文脈では「当分のあいだ，ずっと」の意を表わす。次のような，ふつうの場合と区別しなければならない。

The patient has *a couple of* weeks to live.
(患者はあと二，三週間もつだろう)

〔C〕 同一箇所について正訳・誤訳がそれぞれ複数あるもの

The rabbit-hole went straight on like a tunnel for some way, and then dipped suddenly down, so suddenly that Alice had not a moment to think about stopping herself before she found herself falling **down** what seemed to be a very deep well.

《訳 A》(1966)

兎穴は少しの間トンネルのようにまっすぐ延びていたが，やがて急に下りになっていました。あんまり急だったので，アリスは立ち止まって考えるひまさえなく，気がついてみると，えらく深い井戸みたいなものの中**を**落下して行くのです。

《訳 B》(1975)

兎穴はしばらくのあいだ，トンネルのようにまっすぐつづいていて，とつぜんがくんと下り坂になりました。それがあまり急だったので，止まろうと考えるひまもなく，アリスは，深い深い井戸のようなところ**へ**，ぐんぐんと落ちこんでいました。

《訳 C》(1987)

兎穴は，しばらくのあいだ，まっすぐトンネルみたいにつづき，それから急に下り坂になった。ほんとうにいきなりのことなので，アリスは止まろうと思う間もなく，どうやらとても深い井戸のようなところ**へ**落ちていくのがわかった。

《訳 D》(2003)

うさぎの穴は，しばらくはトンネルみたいに横にまっすぐ続いて，それからいきなりズドンと下に落ちていました。それがすごく急で，アリスは，ふみとどまろうかと考えるひまもないうちに，気がつくとなにやら深い井戸みたいなところ**を**落っこちているところでした。

解説 *Alice's Adventures in Wonderland*（『不思議の国のアリス』）には多数の翻訳があるが，ここでは四種を（かっこ内に示した）刊行年度の順に並べてみた。

問題の語は“**down**”であるが，この語をここで⑴「副詞」と解するか，⑵「前置詞」と解するかによって，訳は二通りに分かれている。

⑴《B》,《C》「井戸のようなところへ落ちて行く」

⑵《A》,《D》「井戸のようなところを落ちて行く」

down は**副詞**の場合は「下に」，**前置詞**の場合は「～を下に，～を下って」の意を表わす。（次の例で，上が副詞，下が前置詞）

fall **down** from a ladder　（はしごから落っこちる）
climb **down** a ladder　（はしごを降りる）

The wind blew **down** the tree.　（風が木を吹き倒した）
The boy came **down** the tree.　（少年は木を降りてきた）

〔down が副詞の場合は blew the tree **down** の語順もとるが，前置詞の場合は常に名詞（the tree）の前に置かれる〕

囲みの英文の下線部については，次の二文を区別しなければならない。

① fall **into** a deep well　（深い井戸の中へ落ちる）
② fall **down** a deep well　（深い井戸［の中］を落ちていく）

すなわち，《B》,《C》は①の英文に対応する訳であって，正訳は《A》と《D》のほうである。

§6　Yes と No

Yes は「はい」，No は「いいえ」という英・和の対応が固定的に訳者の意識に定着してしまっていて，この関係が成り立たない文脈においても，誤って Yes を「はい」，No を「いいえ」と訳してしまうことがある。

> ‘Excuse my asking, but haven’t there been *any* other guests here except them in the last two or three years?’
> ‘No, my dear,’ she said. ‘Only you.’
>
> 「こんなことをお訊きしてなんですが，ここ二，三年の間，あの人達以外に泊り客はいなかったんですか？」
> 「いいえ，あなた」と，彼女はいった。「あなた，だけよ」

解説 疑問文には，(1)肯定疑問文 と (2)否定疑問文 があり，肯定疑問文では Yes ―「はい」，No ―「いいえ」の対応が成り立つが，否定疑問文ではこの対応が逆になる。

(1) **Are** you going out?（外出しますか）

- **Yes**, I am.（はい，します）
- **No**, I'm not.（いいえ，しません）

(2) **Aren't** you going out?（外出しないんですか）

- **Yes**, I am.（いいえ，します）
- **No**, I'm not.（はい，しません）〔× **Yes**, I'm not.〕

すなわち，英語では疑問文の（肯定・否定の）形にかかわらず，返事が肯定内容であればYes，否定内容であればNoを用いる。

日本語では，否定疑問文の場合はYesに対して「いいえ」，Noに対して「はい」という訳を用いることになる。

したがって，囲みの例では，「ほかに泊り客はいなかったのですか」という否定疑問文に対して「**はい**（いませんでした）」でなければならない。〔「いいえ」であれば「いました」の意を表わすことになる〕

They had heard a cry ahead, and she and the others had run on, turned a curve of the pathway and had found Miss Temple lying on the ground. A large boulder detached from the hillside above where there were several others of the same kind, must, they had thought, have rolled down the hillside and struck Miss Temple as she was going along the path below. A most unfortunate and tragic accident.

'You had no idea there was anything but an accident?'

'① **No, indeed**. I can hardly see how it could have been anything but an accident.'

'You saw no one above you on the hillside?'

'② **No**. This is the main path round the hill but of course people do wander about over the top. I did not see anyone that particular afternoon.'

前方で悲鳴がしたので，サンボーン夫人もみんなも走り出して行ったが，小道のカーブをまがると，ミス・テンプルが地面に倒れているのが見えた。上の丘の斜面にいくつか同じようなのがあった中の一つの大きな丸石が転落して来て，下の道を歩いていたミス・テンプルに当ったものにちがいない，とみんなは思った。実に不幸な悲しい事故であった。

「事故だという以外には全然あなたは考えられなかったでしょうか?」

「①**いいえ，まったく**。とても事故以外のことなどとは考えもしませんでした」

「上の丘の斜面に誰か見かけませんでしたか?」

「②**いいえ**。この小道は丘をまわっている本道なんですけれど，もちろん上の方をあちこち歩いている人はあります。あの日の午後には別に誰も見かけませんでした」

解説 それぞれ，日本語では，「はい」，「いいえ」の答え方は，質問に対して次のように対応する。

①「ほかに考えられなかったのですか」

　{「はい，考えられませんでした」
　 「いいえ，考えられました」

②「だれか見かけませんでしたか」

　{「ええ，見かけませんでした」
　 「いや，見かけました」

したがって，二つの “No” は「いいえ」ではなく，「はい」でなければならない。

● 否定疑問文に対する返事で，“Yes” が「いいえ」になる場合の正訳例を示しておく。

‘We want my friend buried.’

‘This is not your first visit to Whispering Glades?’

‘**Yes**.’

‘Then let me explain the Dream. The Park is zoned. Each zone has its own name and appropriate Work of Art. Zones of course vary in price and within the zones the prices vary according to their proximity to the Work of Art.’

―― Evelyn Waugh：*The Loved One*

「ぼくの友人は埋葬にしてもらいましょう」
「“囁きの森”は今度がはじめてではございませんわね」
「**いや**，はじめてです」
「では，構想（ドリーム）についてご説明申し上げましょう。この霊園はいくつかの区画に分かれておりまして，一つ一つの区画には名まえがついており，それぞれにふさわしい“芸術作品”が配されています。区画によってもちろんお値段が違い，区画内でも“芸術作品”に遠い近いによってお値段の差があります」

● 次は，二つの“Yes”が，①肯定疑問文に対しては「はい」，②否定疑問文に対しては「いいえ」と訳された二通りの正訳例である。

With the utterance of the name the smile vanished from her face, and all the cordiality froze out of her manner. She looked uncomfortable and ill at ease. "Ursula Bourne?" she said hesitatingly.

"① **Yes**," I said. "Perhaps you don't remember the name?"

"② Oh, **yes**, of course. I —— I remember perfectly."

―― Agatha Christie：*The Murder of Roger Ackroyd*

《翻訳例 1》

アーシュラの名を聞くと，夫人の顔から微笑が消え，今までの鄭重さが凍りついたように消えてしまった。彼女は不安でおちつかない様子であった。

「アーシュラ・ボーンでございますか」と夫人はためらいながら云った。

「①**そうです**」とわたしは云った。「たぶん，名前をお忘れになったかもしれませんが。」

「②**いいえ**，とんでもない，わたし――よく憶えております。」

《翻訳例 2》

ウルスラの名がでたとたんに，彼女の顔から微笑が消えてしまい，態度ががらりと冷くなった。不愉快そうな表情をうかべて，落ちつかないようすを見せた。

「ウルスラでございますか」

彼女はためらいがちにいった。

「①**そうです**。たぶん奥様はその名を覚えておいでにならないかとも思いますが」

「②**あら**，覚えておりますわ。よく覚えております」

●次は，同一の「内容」の質問をするのに，肯定形と否定形の二通りを並べたために，同一の内容の答えにも“yes”と“no”を並べ，訳のほうは，原則にこだわらない訳し方を工夫した例である。

“Now you're saying you are serious, you are telling the truth, yes? You're not lying now.”

“**Yes**, sir. I mean —— **no**.”

“You're not lying now?”

“I wasn't l-lying, no. It was just a dumb joke.”

—— Joyce Carol Oates : *Big Mouth & Ugly Girl*

「では，きみはまじめにほんとうのことを話しているね。今はウソをいっていないんだね？」

「**いいえ**，あ，**はい**，いっていません」

「今はウソをついていないんだね？」

「これまでも，ずっとウソなんてついていません。バカげた冗談をいっただけです」

＊ 別々に尋ねられていれば，答えは原則的に次のように対応する。

“Are you telling the truth?” — “**Yes**.”

「本当のことを言っているんだね」—「**はい**」

“You are not lying?” — “**No**.”

「うそはついていないんだね」—「**はい**」

●疑問文以外でも，否定表現で述べられた文に対して“Yes”，“No”を用いて答える場合も，訳の「はい」，「いいえ」は以上と同様に対応する。

次は，①，② 肯定文に対する“Yes”はそのまま「はい」，③ 否定文（この場合は準命令文）に対する“No”が「はい」と訳される場合の例である。

'I'm going up to my study now, Mrs Sharp.'

'① **Yes**, Mr Richardson.' (Already a most unusual exchange: it was her habit never to speak except while she was being spoken to.)

'I've got some very important work to do.'

'② <u>**Yes**</u>, Mr Richardson.'

'I don't want to be disturbed for the next hour.'

'③ <u>**No**</u>, Mr Richardson.'

—— Kingsley Amis：*Jake's Thing*

「ぼくはこれから書斎に入りますから。ミセズ・シャープ」

「① <u>**はい**分りました</u>。ミスター・リチャードソン」（これがすでに非常にいつもと違うやりとりなのだ。話しかけられている最中以外，決して口をきかないのが彼女の習慣だから）

「ちょっと非常に重要な仕事があるものでね」

「② <u>**はい**分りました</u>」

「これから一時間，ひとりにしておいてもらいたいんですが」

「③ <u>**はい**</u>。ミスター・リチャードソン」

③では否定文に対して“No”で答えているが，この否定文とほぼ同じ内容を表わす肯定文に対しては“Yes”で答えることになる。

I don't want to be disturbed.（邪魔されたくない）
—— **No** [, you don't want to be disturbed].（**はい**）
I want to be left alone.（ひとりにしておいてほしい）
—— **Yes** [, you want to be left alone].（**はい**）

§7　オノマトペ（擬音語と擬態語）

外国人がよく興味を引かれる日本語の特徴に，多彩な擬音語と擬態語の存在と多用がある。

「擬音語」は、物音や音声をなるべくそのままに近い[感じの]音で表わす語で，「おぎゃー」，「わんわん」，「がちゃがちゃ」，「ひゅーひゅー」，「どしんどしん」などがその例である。

「擬態語」は，ものごとの状態や様子をありありと表わすのに用いられる語で，「ぽっくり」，「きらきら」，「てきぱき」，「ぴょんぴょん」，「のらりくらり」などがその例である。

また，「オノマトペ」（Onomatopoeia [ɑ̀nəmæ̀təpíːə]）という語もよく用いられるが，これには擬音語と擬態語の両方が含まれる。

なかには，同一語が擬音語としても擬態語としても用いられるものもある。たとえば「ごろごろ」は，雷が鳴る「音」と，無為に時間を過ごす「様子」の両方を表わす。

しかし，たいていは「音」と「様子」のどちらかに限られ，翻訳においてもその区別がなされなければならない。

〔**例 1**〕 There is a lamp in my bedroom that gives out a dry **crackle** each time an electric train goes by.

私の寝室には，夜，電車が通過するたびに**チカチカ**するスタンドがある。

解説　**crackle** は，火が燃えるときの「ぱちぱち」といった音や「かたかた」といった感じの短く反復する音を表わす擬音語。

「チカチカ」は光が点滅する様子を表わす擬態語である。

したがって，訳は「電車が通過するたびに**カタカタ**と音を立てるスタンドがある」のようなものでなければならない。

● (1) crackle を動詞に用いた場合の翻訳例と，(2)「ちかちか」という訳語を用いた翻訳例を示してみる。

(1) The toast **crackled** in the silence.

—— Graham Greene：*Loser Takes All*

沈黙のなかで，トーストが**ぱちぱち**と音を立てた。

(2) The room was filled with the rose glow of the fire and grey **flickering** shadows.

—— Carson McCullers：*Reflections in a Golden Eye*

赤々と燃える炎と，**ちかちか**ゆれ動く灰色の影とが，部屋いっぱいにみちていた。

〔**例 2**〕 I swung into the foyer, jammed my finger against the bell button for 2-C and left it there. No response. I **rattled** the door —— latched tight —— and then began jabbing buttons on all the other mailboxes.

わたしは玄関に突進し，インターコムの2-Cのボタンを押しつづけた。反応なし。ドアの取っ手をぐいぐい引く——しっかり施錠されている——ほかの郵便受けについているボタンを片っ端から押した。

解説 rattleは「がたがた」という典型的な「擬音語」の一つである。「ぐいぐい」はもちろん強く引っぱる「様子」を表わす「擬態語」であって，rattleの訳語としては不適切である。

下線部は「ドアを**がたがた**と鳴らした」などが，ふつうの訳し方。

● rattleは「音」を模してつくられた語で，使用頻度も高い擬音語であるが，その用例〔(1) 自動詞用法，(2) 他動詞用法，(3) ～ing形の形容詞用法〕と翻訳例を示しておく。

(1) In our apartment the windowpanes **rattled** day and night.

—— Isaac B. Singer：*Shosha*

私たちのアパートの窓ガラスは昼も夜も**ガタガタ**鳴った。

(2) She is **rattling** ice cubes, looking for glasses.

—— Bobbie Ann Mason：*Graveyard Day*

彼女はいま氷を**かたかた**鳴らしながらグラスを探している。

(3) A **rattling** Ford pickup truck stopped beside the darkened roadside sign. —— Russell Banks：*Lobster Night*

がたがたと音をたてて，フォードのピックアップトラックが，灯りの消えた道ばたの看板の脇に停まった。

〔**例3**〕 He walked out, his head poked forward, a hand **fumbling** at the doorknob, the door opened just far enough to take his width: he seemed to squeeze himself out of the room.

顔をまっすぐ前につき出してドアを**がちゃがちゃ**いわせていたが，体の幅だけ開けるとすりぬけるようにして部屋を出ていった。

解説 〔例1〕と〔例2〕は「音」を表わす英語に対して「擬態語」の訳を当ててしまった誤りであるが，この〔例3〕では「音」とは関係のない動作を表わす英語が誤って「擬音語」として訳されている。

fumble は「ぎこちなく扱う（いじくる，手探りする）」の意を表わし，擬態語的な訳としては，文脈により「まごまご」，「もじもじ」，「もぞもぞ」などに類したものが用いられる。

したがって，「がちゃがちゃ」という擬音語訳は不適当であり，下線部は（擬態語を用いるならば）「片手で**もぞもぞ**とドアの取っ手をまさぐり」のように改めなければならない。

● 「がちゃがちゃ」に類した擬音語「かちゃかちゃ」を用いた典型的な翻訳例には次のようなものがある。

The dishwasher sloshed quietly next to the sink, **tinkling** the glasses and silverware inside.

—— Michael Ondaatje : *The English Patient*

流しのとなりでは自動食器洗い機が，静かに水を浴びせかけながら，中のグラスや銀器を**かちゃかちゃ**いわせていた。

〔**例4**〕 I managed to struggle back into my dressing-gown, and then tottered back along the corridor to the bedroom, where I collapsed upon the bed. I felt so sick when I sat down that I stood up once more and decided that I would have to try to walk it off: so I walked up and down the hall and round all the rooms, and back again, and on and on and on, **banging** into the walls on the way.

やっとの思いでまたガウンを着て，よろよろしながら廊下をベッド・ルームまでもどると，ベッドの上に崩れてしまった。身体を起こしてみるとひどく気分が悪いので，わたしはすぐにまた立ちあがり，歩きまわってごまかしてしまおうと思った。そこで，玄関ホールを行ったり来たりしたかと思うと，部屋という部屋を歩きまわり，また同じところにもどるといったまねをいつまでもつづけながら，たえず壁を**どんどん**なぐった。

解説　これは，たとえば「わん」，「どん」とその反復形「わんわん」，「どんどん」の区別，および，同一動詞の (a) 他動詞用法(bang ～)と (b) 自動詞用法(bang into ～)の区別にかかわる誤訳の例である。

(a) He got out of the car and **banged** the door.
(b) He **banged on** the door until I opened it.

(a) 彼は車を降りてドアを**ばたん(バタン)**と閉めた。
(b) 彼は私が開けるまでドアを**どんどん(ドンドン)**たたいた。

囲みの英文では，bang into ～ であるが，この **into** は「～の中に」ではなく，「～にぶつかる，～に出くわす」などの意味を表わす用法である。

run into an old friend（ひょっこり旧友と出くわす）
bang into a table（テーブルにど[し]んとぶつかる）

したがって，bang into the walls は，「たえず壁を“**どんどん**”と“なぐる”」ではなく，「あちこちで壁に“**どん**”と“ぶつかる”」の意を表わすことがわかる。

● **bang away** の用例と翻訳例も参考になる。

After a little while, he starts takin' pictures. Then he asks if I'll play "Autumn Leaves." And I do that. I play the tune for maybe ten minutes straight while he keeps **banging away** with his cameras, takin' one shot after another.

—— Robert James Waller : *The Bridges of Madison County*

しばらくすると，やつは写真を撮りだした。それから，〈枯葉〉をやってもらえるかと言うから，演奏したんだ。たぶん十分くらいやってたと思うけど，そのあいだ，あの男は**バシャバシャ**写真を撮りつづけた。

〔この“away”は「継続・反復」を表わす用法：**work away**（せっせと仕事を続ける)〕

§8 「正訳」が文脈により「誤訳」になる

同じ英文に対する一般的な正訳が，文脈によっては誤訳になることがある。

She **shook her head** and smiled back.

〔**一般的な訳**〕「彼女は**首を横に振って**，ほほえみ返した」

この，単独の文に対する一般訳が，ある文脈に置かれると誤訳になる例をみてみる。

次の英文は，日本でも翻訳されて多くの読者に感動を与え，ラジオでも放送された作品の一節である。

> He stopped a hundred feet from the bridge and got out, taking the open knapsack with him. "I'm going to do a little reconnaissance for a few minutes, do you mind?" She **shook her head** and smiled back.
>
> 〔A〕(**翻訳書の訳**)
>
> 橋の三十メートルほど手前で停まると，彼はふたのあいていたナップザックを持って，車を降りた。「ちょっと見てまわりたいんだけど，かまいませんか？」 彼女は黙って**うなずいて**，笑みを返した。
>
> 〔B〕(**放送での訳**)
>
> 彼は橋から 100 フィートのところで車を止め，口のあいたナップザックを持って外に出た。「しばらく少し下検分をしておきたいんですが，よろしいですか？」 彼女は**頭を横に振って**，ほほえみ返した。

解説 「～してもかまいませんか，～してもいいですか」の意を表わす問いと，それに対する「かまいません，ええどうぞ」と応じる答えの，二通りの対話形式を比べてみる。

(1) "I'm going to do ～, **do you mind**?"

—— "**No**, not at all." (かまいません／ええどうぞ)

⑵ "I'm going to do ～, **may I**?"
— "**Yes**, certainly."（いいですよ／ええどうぞ）

⑴ の場合の身振りは She **shook** her head.（頭を横に振った）

⑵ の場合の身振りは She **nodded** her head.（頭を縦に振った，うなずいた）

英語では，質問の形に応じて答えは Yes と No に分かれ，その場合の動作も，それぞれ，頭を「縦に振る」と「横に振る」に区別されることがわかる。

囲みの例は "do you mind?" が用いられた問いであることに注意しなければならない。

もし She **nodded** her head.（首を縦に振った）ならば "Yes, I do." （気にします，だめです）の意を表わすことになる。

ここでは She **shook** her head.（首を横に振った）であり "No, I don't (mind)."（かまいません，どうぞ）の意を表わす。

日本語の訳文としては（英語の表現とかかわりなく）この文脈で日本語として「かまいません，どうぞ」の意を伝える表現にしなければならないので，〔B〕の「頭を横に振る」ではなく，〔A〕の「うなずいた」が正しいことになる。

●同じように，名詞としての nod と shake も次のように区別される。

a **nod** of one's head（首を縦に振ること，うなずくこと）
a **shake** of one's head（首を横に振ること）

この a *shake* of one's (the) head も文脈により日本語では「首を縦に振る」のほうの訳にしなければならない場合があるが，その正しい

翻訳例：

After the cumbersome business of getting her seated, Roz gestured towards the tape-recorder. 'If you remember, I mentioned in my second letter that I'd like to record our chats. I presumed when the Governor gave permission for it that you'd agreed.' Her voice was pitched too high.

Olive shrugged a kind of acquiescence.

'You've no objections, then?'

A **shake** of the head.

'Fine. I'm switching on now. ......'

—— Minette Walters : *The Sculptress*

オリーヴを椅子にかけさせるという厄介な仕事が終わると，ロズはテープレコーダーを身振りで示した。「二通目の手紙で，あなたとの会話を録音したいと書いたんだけれど，憶えているかしら。刑務所長さんからお許しが出たので，あなたも同意したものと理解してたんだけれど」声がひどくうわずっているのがわかった。

オリーヴは，好きにすればというように，肩をすくめた。

「じゃ，いいのね？」

こくんと首を**縦**に振る。

「よかった。じゃ，スイッチを入れるわよ。……」

囲みの例では"do you mind?"を用いた疑問文に対する返事において英語の「横に」が日本語では「縦に」に変わってしまったが，この例では否定疑問文に対する答えで英語の"No"が訳文では「はい」になり，それに伴って頭の振り方も英語の「横に」が訳文では「縦に」になってしまう。

この例では，質問に対する返答は〈動作〉(＝首の振り方)で示されているが，〈言葉〉で答えたとした場合も並べてみる。

[Roz said,]"You've no objections?"(異議はありませんね)

〈言葉の場合〉

[Olive answered,]"**No**, I don't [have any objections]."

(ええ，ありません)

〈動作の場合〉(＝下線部)

[She gave] A **shake** of the head.(首を縦に振った)

＊ 英語では問いが肯定疑問 (Do you ～?)，否定疑問 (Don't you ～?) のいずれであろうと，答え自体の内容が肯定であれば Yes，否定であれば No である。それに対して日本語では否定疑問「(異議は) ありませんね?」に対する答えは「はい，ありません」，「いいえ，あります」と，英語の Yes，No と逆になる。〔⇨ p. 131〕したがって，ここでも，英語は No でも，訳文では「はい，ええ」を受ける肯定の動作を示す日本語（首を縦に振る）にしなければ

ならず，A *shake* of the head. をそのまま「首を横に振る」と訳せば誤訳になる。

- ここで参考までに，「誤訳」を離れて，「うなずく」と「首を横に振る」に関連して，そのいずれをもって相手の話に応えるのが正しいかという微妙な迷いを描いた文を，日本語の作品から引いてみる。

　「あのね，わたし，ほんとは夫と別れようと思ってたんやけど」岡田さんは，ドアの傍らに突っ立っていたナガセに向かって，眉を下げながら微かに笑いかけた。「とりあえず，息子らが成人するまでは，なんとかがんばろうと思う。生活のこと考えたらね。あの時は変な話してごめんね」

　ナガセは，小刻みに何度もうなずいた。そして，自分がうなずいている内容が，あやまられたことではなく，岡田さんの決断への肯定だということが伝わっているだろうかとにわかに不安になり，今度は首を横に振り始めた。岡田さんは，なんよ，と呆れたように首をすくめて，廊下に出た。

（津村記久子『ポトスライムの舟』〔第140回 芥川賞受賞作〕）

§9　意図的な誤(？)訳

一つの「語」が対象になる場合は，英・和の語単位の辞書的対応を踏まえた訳を選ぶのが常道である。たとえば，一般に day は「日」，week は「週」であるが，これをそれぞれ「週」，「月」と訳せば，明らかに迂闊（うかつ）な誤訳であるが，これが訳者が熟慮を重ねたうえでの工夫訳である場合もある。

次は『英語青年』〔この英語専門誌は 1921 号（2009 年 3 月号）を最後として，オンラインマガジン『Web 英語青年』に移行した〕の『英語小説翻訳講座』の課題文の一部である。

【原文】 In the subsequent **days** and **weeks** my mother's grief went through terrible lurches and swings. ……

【試訳】 以後の数週，数カ月間，母の悲しみは振り子となって激しく振れた。……

一般的には下線部は「それから幾日も幾週間も」に類した訳になるが，ここでは，講座担当者による，苦渋の「誤訳」の選択についての次のような解説がある。

> 今回の第1文は案外に訳しづらいものでした。まず in the subsequent days and weeks ですが，そのまま訳すと「以後の数日，数週間」でしょうか。でも，どうもしっくりこない。英語の days に比べ，日本語の「数日」は短い感じがする。手もとの国語辞典を引いても「二，三日から五，六日程度の日数」とある。「数日」が「一週」へ，さらに「数週」へとつながっていく気がしません。
>
> やや砕けた感じになる「以後何日も，何週も」や，やや古めかしくなる「以後幾日も，幾週も」のほうが，助詞の「も」が使えるぶんましかもしれません。しかし，「日」から「週」へのつながりが悪いという印象は拭いきれませんでした。
>
> 結局，この母の悲しみが数カ月続くことを作品のすこし先で確認したうえで，「以後の数週，数カ月間」としました。でも，この種の情報の先取りは本当は避けたい。ならば，ただ「以後の数週間」とだけ訳しておくか。しかし，それでは最初予想していたよりも期間が延びていく感じが出ない。あちらを立てればこちらが立たぬ，とはこのことです。

このように，この場合は文脈的な内容を慎重に検討したうえで原文離れした訳が施されていて，解説によりその深い配慮に納得するが，ふつうの翻訳ではそのような配慮を伝えることはできないので，辞書的対応が許容する範囲での無難な訳にとどめておくことになる。

§10　名作の人物の取り違え

原文を逐語的に訳さないで，いくぶん簡略化して文意をわかりやすく伝えようとする工夫もよく行われるが，そのために原文の内容がゆがめられてしまうこともある。

次の例では，ある引用文について，それを原作でだれがだれに言ったのかという関係を簡略訳が正しく伝えていない。

> 'Broken glass. That's bad luck. I wish — it hadn't happened.'
>
> 'Don't worry. How does it go? "Ill luck thou canst not bring where ill luck has its home."'
>
> She turned once more to Wetterman. John, resuming conversation with Maisie, tried to place the quotation. He got it at last. They were the words used by Sieglinde in the Walküre when Sigmund offers to leave the house.
>
> 「グラスが割れるというのは … 縁起がよくないんですよ。いけなかったですね」
>
> 「心配しないでくださいな。うってつけの言葉があるわ。"悪運ののさばる家には，あらたな悪運の入る余地はない"」
>
> こう言い捨てて，アレグラはふたたびウェッターマン氏と話しはじめ，ジョンはメイジーとの会話を続けながら，今のは何からの引用だったかと思いめぐらした。そうだ，あれは確か，『ヴァルキューレ』の中のジークムントの立ち去りぎわの科白だ。

解説　英文はアガサ・クリスティの一作品からのものであるが，二重下線を施した一文は，ワグナーの楽劇『ニーベルングの指輪』の第二部『ヴァルキューレ』の終りの部分からの引用である。(引用文は古体で示されているが，"Ill luck you cannot bring to a house where ill luck lives." のように英訳されることもある)

この文は，ジークムントが，相思の仲のジークリンデ（この二人は実は双生児兄妹である）に禍いが及ぶことを恐れて，自分が家を出ようと申し出たときに，ジークリンデが返した言葉である。

このあと，ジークムントはジークリンデのもとに留まり，相思の絆を固め，やがて二人でこの家を去ることになるが，いずれにしても，この言葉は，家を出ることを申し出た**ジークムント**に対して，**ジークリンデ**が彼を引き留めようとして述べた言葉である。訳文では「ジークムントの科白」になってしまっているが，これは少なくとも「ジークムントの立ち去りぎわのジークリンデの科白」と補われなければならない残念な誤訳である。

●ワグナーの楽劇における，この引用文を含む部分の二人の台詞を，「ワグナー協会」による訳文で示してみる。

ジークリンデ（ぱっと向き直り）
逃げるのね，追われているの？
ジークムント
（女の声に釘づけになって振り返り，暗く重い口調で）
私が逃れるところに
災いが追ってきます。
私が潜むところに
災いも忍び寄ります。
だがあなたは女性（にょしょう），災いには無縁であるように！
みれんを断ち切り，あなたの前から消えましょう。
（足早に扉のところまで行き，閂をはずす）
ジークリンデ（我を忘れて，男の背に呼びかけ）
それなら，行かないで！
あなたが災いをもたらすまでもなく
この家には災いが宿っているのです。

●ジークリンデの，あとのほうの台詞には，Andrew Porter の次のような英訳がある。

No, do not leave!
You bring no ill fate to me,
For ill fate has long been here.

§11　訳し落とし・書き加え

ふつう，誤訳といえば，原文の語句の訳し方を間違えたものが考えられるが，そのほか，原文の語句の一部を訳し落としてしまって，文意を正しく伝えることができない訳文の場合もある。

顕著な例としては，かつて「超訳」〔⇨ p. 153〕という名の，省略や書き足しなどを含めた自在の改変も行う翻訳手法が話題になったことがあるが，意図的と思われる訳し落としが多出する翻訳例は超訳に限らない。

ここでは，このような，便宜的な手法としての意図を感じさせる類の省略は対象とせず，当然訳出されるべき要素が，訳者の不注意や誤解，あるいは訳者にとって不本意な理由などにより，訳文から，ときには他の誤訳を伴って，欠落してしまった幾つかのタイプの例を示す。

〔A〕「語」単位の訳し落とし

> There are no cases on record of **people like Cox** being right.
>
> 人類はじまって以来，**コックス**の意見が正しかったなんて記録は一つもない。

解説　動名詞 being の意味上の主語は people like Cox であり，訳文は「コックスのような人々」のように補われなければならない。

なお，この動名詞構文は節（Clause）の形で表わせば次のようになる。

There are no cases on record in which (*or* where) people like Cox are right.

（コックスのような人たちが正しいという事例は記録上存在しない）

> It was the parody of a parody of a parody.
>
> パロディのパロディだった。

解説　英文では parody が三つ用いられているので，訳文でも同じように「パロディのパロディのパロディ」と「パロディ」を三つ並べなければならない。

●表現形式は異なるが，同じ名詞を多く並べて用いた例としては，米国の作家 Gertrude Stein（1874–1946）の次の言葉が有名である。

Rose is a rose is a rose is a rose.

（バラはバラでありバラでありバラである）

この言葉はよく引用されるが，その場合，文頭の Rose は A rose と変えられることが多く，また，この文をもじって rose を別の名詞にかえた文では，次のように，その名詞の数を一つ減らした形をとるのがふつうである。

A nose is a nose is a nose.

（鼻は鼻であり［あくまで］鼻である）

＊ だからといって，この例で，三つの parody を任意に二つの「パロディ」に減らしてしまってよいということにはならない。

●類似の表現としては，たとえばアメリカの詩人 E. E. Cummings に次の文がある。

spring time is my time is your time is our time ...

（春は私の時でありあなたの時でありわれわれの時である…）

〔B〕「句」の訳し落とし

> What makes Japanese feel so unlike Asians (or Europeans, **for that matter**) is not so much physical differences as their ways of thought or — to put the matter simply — their insularism.
>
> 日本人がアジア人あるいはヨーロッパ人とは違うんだと思っているのは，肉体的に違っている点ではなく，日本人的なものの考え方 — 簡単にいってしまえば — その島国特有の考え方からである。

解説 for that matter は「そのことについては，ついでに言えば，そういえば」の意を表わし，下線部は「アジア人（**いやそういえばヨーロッパ人もだが**）」のように訳すのが一般的である。

●別の用例とその翻訳文をみておく。

Our son does *not* have blue hair ... or blue eyes, **for that matter**. He has green eyes ... like me.

―― Edward Albee：*Who's Afraid of Virginia Woolf ?*

（**そういえば**，うちの坊やは青い髪も … 青い目もしてないわ。目は緑色よ … あたしに似て）

＊ ただし，この文では「髪は青くない」と言ったのに関連して「いやそういえば，目も青くない」とつけ加えたと解するのがふつうなので，「うちの坊やは青い髪も … **そういえば**青い目もしてないわ」のように「そういえば」の位置を移しておくことになる。

At fifty-four she had sublimated her maternal instincts by taking upon herself the role of mother of the division, and had for the past fifteen years promoted, **without noticeable success**, the fiction that they were all one happy family.

五十四歳の彼女は部の母親役を務めることで自らの母性本能を昇華させ，この十五年間部は一つの幸せな家族という幻想を作り上げようとしていた。

解説 without noticeable success という挿入句は，訳文において恣意的に省略して差支えのないような要素ではない。この種の句の訳し方としては，たとえば，

「…という幻想を，はっきりと認められる成功を収めないで，作り上げようとしていた」

のように直訳的に挿入するか，あるいは，文尾に回して，

「…という幻想を作り上げようとしていたが，見るべき成果はあがらなかった」

のような形でまとめるのがふつうである。

●たとえば次のような翻訳文の場合，原文の「句」に対応する形での訳は欠けているが，「訳し落とし」というよりも，訳者の工夫を示す「訳し替え」の例とみなすことができる。

I could hardly breathe. Gulping for air, I started crying and yelling at him, "What do you mean? What are you saying? Why did you lie to me?"

I was furious and getting more so **by the second**. He just stood there saying over and over again, "I'm sorry. I'm so sorry. I was trying to protect you and Chelsea." I couldn't believe what I was hearing. —— Hillary Rodham Clinton：*Living History*

わたしは息ができなくなった。思い切り空気を吸った後，泣き叫んだ。「どういうこと？　いったい何をいってるの？　どうしてわたしに嘘をついたの？」

わたしは怒り，怒り狂い，とめどない怒りにわれを忘れた。彼はその場に立ち尽くしたまま，何度も何度もいった。「すまない，本当にすまない。きみとチェルシーを守りたかったんだ」わたしは自分の耳を疑った。

by the second は「秒単位で，秒ごとに」の意であるので，この句をなるべくそのまま訳文に移そうとすれば，下線部は

「私は激怒し，怒りは**秒きざみで**募っていった」

に類したものになる。

〔C〕「節」を含む部分の訳し落とし

"I am a painter."

Mr. Momma did not have the English to amplify this. He was quickly taken to be a tormented artist in exile **rather than the hard-working house painter he was**.

「私，ペンキ屋(ペインター)です」

ミスタ・モンマはこのペインターという言葉を詳しく説明する適当な英語を知らなかった。それでみんなはすぐに彼のことを圧制に苦しんで亡命した芸術的画家(ペインター)だと思いこんでしまった。

解説　**A rather than B** という表現に対して，A だけが訳されて，rather than B の部分が抜け落ちた例で，B には he was という（関係代名詞が省略された）接触節（[that] he was）が含まれている。訳し落とされた部分の全くの直訳は，

「彼が実際にそうであるところの勤勉な家屋塗装業者であるよりはむしろ～（家屋塗装業者ではなく～）」

であるが，上の翻訳文のあとにつけ加える形にすれば，

「～芸術的画家だと思いこんでしまった ── 実はせっせと仕事に励む家屋塗装業者であるのに」

となる。

● 囲みの訳は明らかに「不注意な訳し落とし」の例であるが，次のように，日本人の読者には訳出不要という判断に基づいた「意図的な省略」と考えられる場合もある。

The Men in Black come for her at 6.30 on a dreary Tokyo morning, hardly an auspicious start to what is supposed to be the happiest day of a woman's life. Nor have the weather gods smiled ─ the *tsuyu* season, **the 'plum rains' which coincide with the ripening of the fruit**, has arrived the earliest anyone can remember this summer.　　── Ben Hills：*Princess Masako*

陰鬱な東京の朝，黒い服を着た男たちが六時半に迎えにやってきた。女性の人生で最も幸せであるはずの一日の，幸先（さいさき）のよい始まり方とはとうてい言えない。天気の神が微笑んでくれなかったというだけではない。この夏，梅雨の到来は異常に早かった。

the *tsuyu* season を同格的に説明する一行ほどの部分が訳文から抜けている。日本人にとっては自明の「梅雨」であるが，英文でどのように説明されているかも，読者の参考になる。省かれた部分を補っておく。

［天気の神様も微笑んではくれなかった］梅雨 ── すなわち梅の実の成熟に符合する頃に降る「梅の雨」── は，この夏，人々の記憶するかぎりにおいて今までになかったほど早くやってきた。

〔D〕「文」の訳し落とし

> I was quite slow at it, and so was the sick boy. His brother won easily although I had asked him to let the invalid win. Children are callous.
>
> 　私はとても気がのらなかったし，病気の息子も気がすすまないようだった。私は病気の子に勝たせるようにしたけれど，弟がすぐに勝ってしまうのだった。

解説　英文の下線部の訳がすっぽり抜けている。slow を「気がのらない」，「気がすすまない」とするなど，不適当な部分もあるので，下線部を補って，全文を訳しておけば：

　私は［ゲームで］答えるのがかなり遅かったが，病気の息子もそうだった。彼の弟はやすやすと勝った —— 弟には病人に勝たせてあげるように言い含めてあったのに。子供とは薄情なものだ。

■逆に，原文にない文を勝手に訳に付け足した例もある。

> 'Well,' he said and rose and sighed. He admitted to feeling pleased with himself.
>
> 　「それじゃ」彼はいって立ちあがり吐息をもらした。彼は自分でもうれしい気がしたのだった。私はその男と寝た。

解説　**admit to ～ing** は「～であることを（～したことを）認める」の意を表わす。したがって，第二文は「彼は自己満足を感じていることを認めた」が直訳である。

原文にない要素の付け足しは，説明を補うような形で行われることが多い。が，この例の下線部のように，文学作品の翻訳で訳者自身の創作的な文を勝手に加えることは，一般に許容されない逸脱ないしは邪道である。

●同様の「訳者による付け足し」について，もう一つ，「超訳」の場合の典型的な例を引いておく。

At dawn, as the canals began to sparkle with the beginning day, Jeff said, "Marry me, Tracy."

She was sure she had misunderstood him, but the words came again, and Tracy knew that it was crazy and impossible, and it could never work, and it was deliriously wonderful, and of course it would work. And she whispered, "Yes. Oh, yes!"

—— Sydney Sheldon : *If Tomorrow Comes*

夜明けに，アルクマールの運河に朝日がキラキラと反射しだした頃，ジェフが言った。

「結婚してくれないか，トレイシー」

トレイシーは聞き違えたのかと自分の耳を疑ぐったが，同じ言葉がまたジェフの口から出た。しかし，トレイシーはまともに受け取れなかった。どう考えてもあり得ないことだ。二人の結婚などうまくいくはずがないではないか。楽しすぎて目が回ってしまう。でも，楽しければいいのだわ，もしかしたらうまくやれる，きっとうまく行くわ。

トレイシーは小さな声で返事した。

「ええ。いいわ！」

＊「超訳」を標榜する出版社の説明によれば，超訳とは「原作の意味を忠実に日本語にする訳者」と「それをまた自然な日本語に書きなおす文章家」，および，生じうる誤訳を見つけ「一つ一つなおし全体をまとめる，いわば行司役」という三者の分担と協力によってなしとげられる方式の翻訳ということになっている。

§12　原文離れが目立つ誤訳

翻訳は原文尊重を基本原則として行われるが，すでにみたように，いろいろな理由により，さまざまな形の，この原則に背く訳文がつくられる。

ここでは，原文離れが著しく目立つ誤訳について，おおまかに三種に大別して，それぞれ典型的な例をみておく。

〔**A**〕原文に特にむずかしい語句・構文が含まれず，英和辞典のまめな利用や基本的な文法知識によって防げたはずの迂闊な誤訳。

〔B〕いくらかレベルの高い要素を含む原文について，部分的に意味関係が把握できないまま，苦しまぎれに訳文のつじつまを合わせた誤訳。

〔C〕原文尊重を離れ，訳文本位に，読者の興味をそそりそうな文体で作文し，必然性のない省略や書き足しも含む，恣意(しい)的な誤訳。

〔A〕（平易な文の）迂闊な誤訳

> When you are held captive, people somehow expect you to spit in your captor's face and get killed.
>
> 囚(とら)われの身になったとき，犯人の顔につばを吐きかけてやればいいと局外者は考えるのだろうが，そんなことをしたら最後，たちどころに殺されてしまう。

解説　expect you to spit ... and get killed は，ふつう間違えようのない不定詞構文であり，下線部の直訳は，

「人々は，あなたが自分を捕虜にした相手の顔につばをひっかけて殺されてしまうことを，なんとなく期待する」

である。

「生きて虜囚のはずかしめを受けず」という言葉がある。今は「ともかく生きて」という願いを皆が共有するが，この文では，捕虜の身で相手を最大限に侮辱できる行為として「相手の顔につばをひっかける」ことによって自ら死を選ぶ ── そんなことがなんとなく期待される向きもあることを述べている。

> I tried. He tried. Each time when one of us failed the other became impatient.
>
> 私がやってみた。彼がやってみた。二人がかりでやるのに，いつもうまく嵌まりそうになると，どっちかが外れてしまう。

解説　男が，糊(のり)のきいたワイシャツのカラーに留めボタンを通そうとして

いるが，なかなかうまくいかないので，女が手伝う。

自明であるはずの英文の下線部の意味は，次のとおりである。

「二人のうちひとりがしくじるたびに，もうひとりのほうがいらいらした」

> “It's awful quiet for a place where so much is going on,” she said. “Makes me want to sing just to hear a human voice.”
>
> “You do that,” he said. “Could use a song myself.”
>
> 「大変なことが起こっている場所にしては，気味が悪いほど静かよね」とシェリーは答えた。「無性に人の声が聞きたくて，歌でも歌いたくなってくる」
>
> 「いいですね。少しは気が紛れるかも」

解説　**could use** ～ はよく用いられる口語表現。could という仮定法過去を用いて「～できれば(～があれば)ありがたいな，～するのも悪くないな」という控えめな気持を表わす形をとりながら，実は「～がしたい，～が欲しい」という強い気持を述べる。〔⇨ p. 12〕

You both look as if you **could use** a drink.

(二人とも一杯やりたそうな顔をしてるぞ)

したがって，囲みの文で彼が言った下線部は，

「僕も一曲歌ってもいいな／僕も一曲歌うとするか」

といった意味を表わす。

> The sixth floor had been cordoned off to permit only residents of that floor to exit the elevator, and they were required to go directly to their apartments. Edie Malone's apartment was posted as a crime scene.
>
> 六階のフロアには立入禁止のテープが張られ，六階でエレヴェーターを降りることができるのはそのフロアの住人だけ，それもエレヴェーターを降りたら各自の部屋へ直行することが求められていた。イーディ・マローンの部屋には，現場捜査に

必要な，しかるべき人員が送り込まれていた。

解説　辞書に，**post** という見出し語は三つある。

post[1]　名 郵便　動 投函する
post[2]　名 柱　動（掲示を柱などに）張る，掲示する
post[3]　名 地位，部署　動 部署につける，派遣する

この訳文では post[3] と解されているようであるが，post[2] が正しく，**be posted as ～** は「～と発表（掲示）される」の意。下線部は次のような意味を表わす。

「（イーディ・マローンの部屋には）犯行現場の掲示が張り出された」

〔B〕（やや複雑な文の）苦しまぎれの誤訳

He brought me home. I noticed when we were in bed that he had put cologne on his shoulder and that he must have set out to dinner with the hope if not the intention of sleeping with me.

彼が私を家まで送ってきた。ベッドに入ったとき彼が肩にオーデコロンをつけているのに気がついた。もし，私と寝るような気分にならなかったら，食事をするだけで別れたに違いない。

解説　"A **if not** B"（B ではなくとも A）を用いた（下に示したような）「共通構文」がわからないまま，if を「～ならば」という接続詞と解して訳をこじつけたものと考えられるが，英文と和訳の隔たりは大きい。

with { the hope / **if not** / the intention } of sleeping with me

（私と寝るという〈意図ではないにしても希望〉をもって）

I noticed ... that ... and that he must have set out ... と続く構文を認めたうえで，下線部の訳をわかりやすくまとめておけば：

「彼は，私と寝るという意図はもたなかったにしても，寝ることになればいいなという希望をもって，食事に出かけたにちがいない(ということに私は気づいた)」

Women, he had heard and read, sometimes cried for one special feminine reason or another, not out of grief or pain, and ①he would have been the very first to admit that he had had remarkably little experience of them, but ②in fourteen years he had had some experience of human beings, more than enough to show him that the wet, contorted face near his own belonged to somebody in deep and genuine distress.

女というものは悲しいとか苦しいとかではなく，あれやこれや女性特有の理由で泣くものだと，彼は聞いたり読んだりしたことはある。だから①彼としてもこのほんのちょっとした女体の経験は，ほんとにはじめてだとこころよく認めただろうが，②十四歳にもなっていれば，人間がどんなものか多少の経験はあった──いや，彼の顔のすぐそばにある涙に濡れてゆがんだ顔がうかべた，心の底から本当にすまなそうにしている表情が，実際以上に大げさだということもわかっていた。

解説　14歳の少年は，人妻とベッドを共にし，しばらくの時を過ごしている。

下線部①では，**be the first to** (do)（まっ先に～する）という表現が正しく把握されていないが，ふつうに訳せば：

「そして彼は，女性についての自分の経験は著しく乏しいものであるということを，誰よりもまっ先に認めたであろう」

下線部②では，more than enough (experience) は，some experience について，同格的に説明を加えたものである。「なにがしかの経験──彼に～ということを示すのに十分以上の経験」

また，the wet ... face ... belonged to somebody in deep ... distress. の部分については，念のため，次のような意味関係を認めておく。

{そのぬれた顔は深い苦しみに悩む人のものだった。
ぬれた顔をしたその人は深い苦しみに悩んでいた。

下線部②の訳をまとめれば次のようなものになる。

「今まで生きてきた十四年のあいだに，彼は（女性はさておき）人間についてはある程度の経験——自分の顔のすぐそばにある涙にぬれてゆがんだ顔が，深い本物の苦しみに悩む人間のものであるということがわかるのに十分以上の経験——をしてきていた」

まだ若くて，女心や人情の機微に通じていなくても，少年は，自分との不倫に対する悔恨を，女性の表情に読みとっている。

〔C〕（原文尊重を離れた）“作文”混じりの誤訳

> The Colonel's eyes narrowed. 'You can be sure the church is behind all this. It's time we taught them a lesson.'
>
> *The Church is one of the great ironies of our history*, Colonel Acoca thought bitterly.
>
> 大佐が目を細めて耳うちした。
>
> 「この一件の背後には教会がありますよ。今度こそ，彼らにも思い知らせてやりましょう」
>
> 〈教会というのはわけのわからぬ厄介者だ。あっちについたりこっちについたり。こいつらがなければ，我が国の歴史も少しはましなものになっていただろう〉
>
> アコーカ大佐は苦々しく思うのだった。

解説　下線部をそのまま訳せば，次のようになる。

「教会はわが国の歴史の大きな皮肉の一つだな」

訳者は，これでは物足りないと感じて，読者の興味を引きそうな表現を選んで，「訳文」を創作している。

これは，たとえば，原文に理解困難な箇所があるために苦肉の訳をつくらざるをえなかった，といった事情は全くなく，訳者の恣意だけによって作文が行われた例である。

これに対して，次の例では，原文の一語が「誤解」され，そのために必然的に「誤訳」が生まれ，必要のない「作文」も行われている。

> At the Abbey, the raid had come to an end. The dazed nuns, their habits wrinkled and bloodstained, were being rounded up and put into unmarked, closed trucks.
>
> 尼僧院では，急襲作戦も幕を閉じようとしていた。修道女たちはすっかり動転していた。自分たちがひたむきに守ってきた神の道は無残に踏みにじられ，どさくさの中で，何人もの若い修道女が辱めを受けた。全員が一箇所に集められると，窓もマークも無いトラックの中に追いやられた。

解説 **habits** には「習慣」のほか「衣服」の意味もある。この翻訳では「習慣」から「自分たちがひたむきに守ってきた神の道」という訳文を導き出したものと考えられるが，正しくは，“their habits”は「修道女たちの衣服」である。

wrinkled は「しわが寄っている」状態を表わす。

bloodstained は「血のついた」であって，「辱めを受けた」とは関係ない。

したがって，下線部の訳は次のようになる。

「(動転した修道女たちは) 着ているものはしわだらけになり血にまみれて (全員が一箇所に集められ…)」

§13　難度の高い誤訳

ここで「難度の高い誤訳」というのは，たとえばその内容が高度に専門的・学術的で，素人の理解を超えるような英文について生じる誤訳を指すのではない。

他の一般的な誤訳と同じように，語句・構文や文法事項・慣用表現などにかかわるもので，英文がやや複雑な要素を含んでいて，要(かなめ)となる重要表現の意味関係が正しく訳出されていない場合である。

四つの例について考えてみる。

《**1**》At least, he comforted himself, he had remained stationary; if he had been surrounded by the well-meant fatuity of those who had always sought to 'guide' him, there was no telling what disastrous steps might already have been taken. As it was, his position was precisely the same as it had been before his attempt to face the problems that hemmed him about; he had not yet realized, **what** circumstances were soon to teach him, that his predicament was not one that could be improved by thinking.

少なくとも，ぼくはまえと変わっていない，と彼は自らを慰めた。いつも彼を「導く」ことを考えている人たちの善意から出た愚鈍さに取り巻かれていたら，どのような悲惨な処置がすでに講じられていたか，わかったものではなかった。実のところ，彼が自分を取りかこむ問題に立ち向かおうと試みた以前と，彼の立場はまったく同じであったのだ。やがて彼が環境に学ばねばならない**こと**，彼の苦境は，思考によって改善されるようなものでないことをよくわかっていなかったのである。

解説　この what の訳は，コンマのない次のような文での what の用法に対するものである。

He had not yet realized **what** circumstances were soon to teach him.

（やがてすぐ環境が彼に教えてくれることになることを，彼はまだ悟っていなかった）

すなわち，この文では関係代名詞 what が導く名詞節が，realized の目的語になっている。

しかし，下線部では，*what*-節は前後をコンマで区切られた挿入節であり，realized の目的語は that his predicament was ... である。

この what は，次のような例における what と同類である。

It was getting dark and, **what** was worse, it began to rain.

（暗くなってきて，さらに困ったことには，雨が降り出した）

このような挿入節を導く what は関係代名詞であって，それが指すのは，この挿入節のすぐあとに述べられる内容である。

「暗くなってきて，さらに困ったことには〔これは（＝雨が降り始めるということは）もっと困ったことなのだが〕，雨が降り出した」

したがって，下線部の訳は次のようになる。

「彼はまだ ── これはやがてすぐ事態が彼に教えてくれることになるのだが ── 自分が陥っている苦境は思案によってどうにかなるものではないということを，悟っていなかったのである」

《2》They wrote of houses and work and children, and by the time they stood outside the church posing for their first photo together Fred anyway felt that the marriage about to begin was a plain print of black and white on positive paper, **as opposed to** the flimsy and transient negative of the preceding years.

家のことも，仕事のことも，子供のことも手紙に書いてしまっていたから，初めて二人いっしょに写真をとるため教会の外でポーズしたときには，これから始まるほんとうの結婚が，過去五年の歳月によってつくられた薄っぺらな陰画**をもとに，**印画紙にうつしだされる陽画のように，フレッドには思われた。

解説　文中の彼ら二人は，結婚するまでに 400 通もの手紙をやりとりし，頻繁に写真を送り合っていた。

● **as opposed to** ～ についての辞書の記述例：

辞書によっては定義だけを示している。

〈**辞書 A**〉「～と対照的に，～に対立するものとして(の)」

〈**辞書 B**〉「～と全く違ったものとして(の)，～に対照的に(である)」

定義と例を示す辞書もある。

〈**辞書 C**〉「～と対照的に，～とは違って」：

The tax system favors the very rich as opposed to ordinary working people.

税制は一般労働者層を優遇するのとは対照的に，非常に富裕な層を優遇している。

- **A[,] as opposed to B** は「B と対比・区別されるものとしての A」の意を表わすが，定義だけでは理解しにくい表現である。具体的な用例を加えておく。

business **as opposed to** pleasure
（遊びと対比されるものとしての仕事，遊びに対する仕事）
a civil (**as opposed to** criminal) wrong
（[刑事上の不法行為に対して] 民事上の不法行為）
This is a book about business practice **as opposed to** theory.
（これはビジネスの理論ではなく実際に関する本である）

＊ 上の〈辞書 C〉の例の訳も「この税制は一般労働者ではなく富裕層を優遇している」ぐらいにしたほうがわかりやすい。

- したがって，囲みの英文中の下線部について，この関係をわかりやすく示す訳文の一例は次のようなものになる。

「それ以前の年月を脆(もろ)くはかない陰画とすれば，それに対して [今始まろうとする結婚は] 印画紙に焼き付けられた白黒の陽画 [であるように思われた]」

《**3**》Memory was like a searchlight sweeping over the lost hinterland of the self, illuminating scenes with total clarity, the colours gaudy as a child's comic, edges of objects hard as blocks, scenes which could lie for months unremembered in that black wasteland, **not** rooted, **as** were other childish memories, in time and place, not rooted in love.

記憶は失われた自我の奥地を掃照するサーチライトのようなものだった。場面，場面が，子供の漫画のようなけばけばしい色彩が，積み木のような固い角々が，くっきりと余すところなく映し出される。子供の頃の他の思い出**と同じに**時間的空間的な脈絡を欠き，愛情の根を持たないそういう場面は，思い出されないまま何カ月も暗い荒地にとどまることもあった。

解説　主人公の女性に，かつての養父母との貧しい暮らしの記憶が断片的によみがえる。文中の **scenes**（場面）は，このようによみがえった記憶のいくつかの場面である。

● この文は，やや複雑な構造になっているので，下線部の解説に入る前に，(1)まず全文の内容の骨組みだけを和訳で示し，(2)次に英文の構造を，わかりやすい形で記し，(3)それに対応する和訳をまとめておく。

(1) **全文の骨組みだけを示す訳**

「記憶は，自己の失われた奥地をさっと照らし，いろいろな場面を ── 長いあいだ思い出されないままでいることもある場面をも ── 映し出すサーチライトのようなものである」

(2) **英文の構造**

Memory was like a searchlight
sweeping over the lost hinterland of the self,
illuminating **scenes** with total clarity,
〈the colours gaudy as a child's comic, edges of objects hard as blocks,〉
scenes which could lie for months unremembered ...

＊ sweeping と illuminating は a searchlight を修飾する現在分詞。

＊〈the colours ～, edges of objects ～〉は，「照らし出す」ときに伴う「場面」の状態を，and を用いないで並列的に記したものである。

＊ 後の scenes は前の scenes に対して，同格的・追加的に並べられた要素である。

(3) (2)**に対応する和訳**

記憶はサーチライトのようなものであって，
自己の失われた奥地をさっと照らし，
いろいろな**場面**を〈色は子供のコミックのようにどぎつく，事物の輪郭はブロックのようにはっきりと〉きわめて鮮明に映し出したが，
これらの**場面**には … 何か月も思い出されないでいるものもあった。

〔下線部全体の訳は後にまとめてある〕

●下線部の，ここで問題にする誤訳の部分のみの英文と翻訳文を比べてみれば：

not rooted, **as** were other childish memories, in time and place

（子供の頃の他の思い出と同じに時間的空間的な脈絡を欠き）

「～と同じに」の意味を具体的に訳出すれば，

「子供の頃の他の思い出［に時間的空間的な脈絡が**ない**の］と同じに（これらの場面には）時間的空間的な脈絡が**ない**」

となる。しかし英文のほうは，*as*-節を具体的に言い換えれば，

as were other childish memories
= **as** other childish memories were [rooted in time and place]

であって，「子供の頃の他の思い出には［時間的空間的脈絡が**ある**のに対して］（これらの場面には）時間的空間的脈絡が**ない**」という意味を表わす。この下線部の訳には他の誤りもあるが，この **not** ～, **as** の部分に限定すれば，とりあえず次のように改める必要がある。

子供の頃の他の思い出と同じに時間的空間的な脈絡を欠き…
→子供の頃の他の思い出と異なり, 時間的空間的な脈絡を欠き…

●下線部を一般的な形でまとめておけば：

「他の子供の頃の思い出とは異なり，時間と場所にも，また愛情にも根ざさないで，暗い奥地に何か月も思い出されないままになっていることもある場面」

●下線部の as は，前の文の内容［の一部］を受ける用法であるが，**not が先行する場合**は，訳し方に注意を要する。

(1) She's very tall, **as** is her mother.

（彼女は，母親がそうであるように［母親と同じく］とても背が高い）

(2) This practice is **not** usual here, **as** it is in Japan.

〔誤〕この習慣は，日本と同じく，ここではふつうではない。

〔正〕この習慣は，日本とは違って（日本ではふつうだが）ここではふつうではない。

(1) のように not が先行しない場合は「～と同じように，～と同じく」などと訳すのがふつうで，問題はない。

(2) において「～と同じく」と訳すと「日本でもふつうではない」

の意を表わすことになるので，「～と異なり，～と違って」などとしなければならない。

■"～ **not, as** ..."の例と，その正しい翻訳例を三つ示しておく。

① Terrorism is **not, as** is often claimed, "the weapon of the weak."

—— Noam Chomsky : *9-11*

しばしば主張されるの**とは違い**，テロリズムは「弱者の武器」など**ではない**。

② When I took her hand, she did **not, as** other women do, let it lie limply across my palm like a fillet of raw fish.

—— Roald Dahl : *The Visitor*

わたしが彼女の手をとったとき，彼女はほかの女たち**と違って**，わたしの掌に切り身の生魚のようにぐんなりと手を横たえること**をしなかった**。

③ The detonation of five hundred pounds of explosives in a busy shopping area did **not** succeed in shattering the cease-fire, **as** the bombers had hoped.

—— Hillary Rodham Clinton : *Living History*

市場の人ごみで爆発した五百ポンドの爆発物は，それを仕掛けた連中の**思惑がはずれ**，停戦をひっくり返すことには**役立たなかった**。

《**4**》He thought of something quite soon and wrote it down on the spot, and that was a good idea, because not long afterwards he was just wondering whether he could possibly feel worse, given present circumstances, in other words not given epilepsy or impending execution, when he put his mind at rest about that by starting to feel not only worse, but worse and worse.

言うべきことは割合すぐ見付かった。彼はそれを即座にその場で書き留めておいたが，それでよかったのである。なぜならその後まもなく，現在の状況下においてこれ以上ひどい気分がありうるだろうかと不思議に思うくらい物凄い二日酔いに，ひたすら耐えなければならなくなってしまったからである。現在の状況下においてとは，癲癇（てんかん）ないし死刑執行を目前に控えていない状況ではと言うことだ。そうなったとき，彼はあれこれ思い煩（わず）らうことをやめ，いやがうえにもひどくなりまさる気分と直面することに専念しだした。

解説　この場面のすぐ前と後の部分（[　] で囲んだ部分）を加えて文脈のあらましを記しておけば：

[大学の教授である彼は，ひどい二日酔いに悩まされながら，九時前にカレッジの門を通り抜ける。よたよたと自室にたどり着き，午後の教授会で発言すべきことについておぼつかない思案をめぐらす] 思いついたことをすぐその場で書き留めておいたが，これは賢策だった。というのも，やがて間もなく，これ以上に気分が悪くなることなんてありうるのだろうかと思っているうちに，気分はどんどんいっそう悪くなり始めたからである。[さらに新しい不安にも襲われ，講義のために教室に着くまでに，その状態はさらに昂じて，学生たちを，はっと固まって沈黙させるほどになっていた。彼らは緊張し，教授が倒れて死んでしまったり，奇声を発して着衣を脱ぎ捨てたりする瞬間を，かたずをのんで待ちうけた。しかし，この期待ははずれた]

●機知に富む才筆で知られる英国の作家の文であるが，一読して文意を正しく読みとるにはかなり高度の読解力を要する。

作者の文体的特徴をよく示すこの英文の味わいを伝えるためには，訳者により，できるだけ原文の組み立てに寄り添った形で訳すこともあれば，英和の対応にはこだわらないで自由に訳文をまとめることもある。この訳は後者に類し，原文との一般的対応を離れた表現を含む訳文も，この訳者一流の達者な名訳と考えることもできるが，ここでは誤訳例としてではなく，多様な訳し方の一例として示したものである。

ただし，この英文については，訳し方がどうであれ，解釈のうえで基本的に次のような点が正しく理解されていなければならない。

● **wonder** については，二通りの意味を区別する。

⎧(1) wonder **that** ... 「…を不思議に思う，驚く」
⎩(2) wonder **if** (**whether**) ... 「…だろうかと思う，疑う」

ここでは「いったいまだこれ以上ひどくなるなんてことがあるのだろうか」という疑いを表わす。

● **given** ～「～が与えられた状態で；～を考慮すれば」

given present circumstances, in other words **not given** epilepsy or impending execution（現在の状況において，言い換えれば，てんかんを起こしたり，死刑執行が差しせまったりはしていない状態において）

● **when** は継続的に「するとその時」の意を表わし，先行する be about to ～，be [just] ～ing などと相関的に用いることが多い。

We *were about to* leave **when** it began to rain.
（ちょうど出かけようとしていたら雨が降り出した）

I *was* [*just*] *entering* the room **when** someone tapped me on the back.
（ちょうど部屋に入ろうとしていたら，だれかが僕の背中をぽんとたたいた）

＊ 下線部の when は he was just wondering whether ... when ～（ちょうど…だろうかと思っていたとき～）とつながるので，given ... execution は挿入句として，かっこに入れて考える。

● **he put his mind at rest about that** (by ～ing)「(～することによって）そのことについて気持(不安)を鎮めた」

about that（そのことについて）の「そのこと」とは wondering whether ... の内容，つまり「これ以上ひどくなることがあるのだろうか」という不安や疑念を指す。

● **by starting to feel not only worse, but worse and worse**「気分がただもっとひどくなるだけではなく，どんどんいっそうひどくなることによって」

＊ 前の部分と合わせた内容の ①直訳と ②別の形の訳を示せば：
①「どんどん気分が悪くなることによって，これ以上気分が悪くなることがありうるだろうかという不安を鎮めた」

②「これ以上気分が悪くなることがありうるだろうかといった不安がどこかへ消えてしまうほど，気分はさらにどんどんひどくなっていった」

●下線部全体を，なるべく英文との対応がわかりやすい形でまとめてみれば，次のようになる。

「(すぐ書き留めておいてよかった) なぜならば，やがて間もなく，彼が ── 今のような状況で，言い換えれば，てんかんを起こしたり死刑の執行が差しせまったりしていない状況で ── これ以上に気分が悪くなることがあるだろうかと不安に思っていると，そのような不安も鎮まってしまうほど，気分がただもっとひどくなるだけではなく，どんどんいっそうひどくなり始めたからである」

Part 5

誤 訳 40 選

誤　訳　40　選

このPart 5には，語句・慣用・文法・構文などにわたり，興味深く啓発的な誤訳を選び，事項の配置や難易の順などにも意を用い，各種バランスよく取り混ぜて，40の例を収めてある。

例文は，場合に応じて，誤訳の部分だけでなく文脈的な肉づけもしてあるので，さまざまな内容・文体の英文と，さまざまに工夫・彫琢された訳文によって，翻訳の多様な実相について，貴重な多くのことを学ぶことができる。あるいはまた，多くは練達の翻訳家である訳者の，達者な名訳と，意表をつく誤訳の対比に，翻訳の妙趣を楽しむこともできる。

1 What it came down to was that they couldn't afford to let a Jew be a big winner too long on "Smart Money". Especially a Jew who made no bones about it. They were afraid about the **ratings**.

要するにやつらは，『スマート・マネー』でユダヤ人が勝ち続けるのに我慢がならなかったんだ。遠慮会釈もなく勝ち続けるユダヤ人とくりゃなおさらさ。やつらは**序列**にこだわった。

解説 "Smart Money" というのは，勝ち抜き形式のクイズ番組の名前である。この高額の賞金を出す人気番組で三週間勝ち進んだ主人公のユダヤ人に，チャンピオンの座を譲るように圧力がかけられ，番組をおりなければならないことになる。そのことについての憤まんを述べている文である。

● この **ratings** は「序列」ではなく「視聴率」のことである。下線部は「テレビ局側は**視聴率**のことを心配していた」ことを述べている。

● **make no bones about** ～ は「ためらわずに(平気で)～する」の意。

rating は「視聴率」の意味では，このように複数形で用いられるのが通例である。なお，この語を含む，よく用いられる表現に［the Democratic Party's］**approval rating**（［民主党の］支持率）がある。

◆**参考**　ratings を用いた例を一つ：

If there's not enough violence, perversion or porno ... it won't move the masses, sell tickets or gain **ratings** any more.

—— Denis Waitley : *The Psychology of Winning*

暴力や倒錯やポルノといった要素が足りないと，大衆は関心をそそられず，入場券も売れず，**視聴率**をかせぐこともできないだろう。

2　What a lovely kitchen!　And you keep it like a new pin. Eat your dinner **off** the floor, couldn't you?

すばらしいキッチンだわねえ！　それもあんたがこんなに磨きあげて。床(ゆか)まで食べられそうじゃない。

解説　**off**（ここでは前置詞）の基本的な意味は「～を離れて」である。eat **off** a silver plate と言えば具体的には「銀の皿から食べ物をとって食べる」の意であるが，訳せば「銀の皿で食べる」ぐらいになる。（「銀の皿を食べる」のではない！）なお，a new pin には（**as**）**clean as a new pin**（とてもきれいな［清潔な］）という比喩表現がある。

● 下線部も同じ意味関係を表わし「床で食事だってできそうじゃない」程度に訳しておいてよい。

◆**参考**　類例を一つ：

She ... returned to the kitchen to think about getting her own lunch. And she was eating it at noon sharp, eating it **off** the counter in the absence of the table ...

—— Ruth Rendell : *A Judgement in Stone*

彼女は…台所にもどって，自分の昼食はどうしたものかと考えた。そして正午きっかりに，彼女は，テーブルがなかったので，カウンターで昼食を食べていた…

3 Joanne shrieked. She was **big** now and the child vigorous. The women had been amused —— though the men, especially Dadda, embarrassed —— when its movements, or so Joanne averred, had bounced a plate off her lap.

ジョアンは悲鳴をあげた。とっくに**大人になって**いるのに，いまだに元気のいい子供みたいなところがあった。女たちは面白がっていた —— が，男たち，とくにダッダは，ジョアンの子供っぽいしぐさがその膝(ひざ)の上の皿を跳ね上がらせたときや彼女がひどく断定的なことを言うときは，辟易(へきえき)していた。

解説 **big** にはもちろん「(大人になって)大きい」の意味もあるが，ここでは「妊娠している」つまり「おなかが大きい」の意味である。だから **the child** は「おなかの中の赤ちゃん」を指し，**its movements** とは「ジョアンの子供っぽいしぐさ」ではなくて「おなかの中の赤ちゃんの動き」のことである。

つまり，上の英文の内容はこういうことである：

彼女は身ごもっていて，今ではおなかのふくらみも目立つ。おなかの赤ちゃんはやたら元気で，よく動き，そのため突然，妊婦であるジョアンの膝の上の皿がはね上がったりする。(皿がはね上がるのが，赤ちゃんの動きのせいかどうかはわからないが，とにかくジョアンはそうだと断言している）それを見て，居合わせる女たちは面白がるが，男たち，とりわけジョアンの義父であるダッダは，ばつが悪そうだ。

● したがって訳文は次のようなものになる：

「ジョアンがきゃっと悲鳴をあげた。彼女はもう**おなかが大きく**なっていて，おなかの赤ちゃんは元気がよかった。おなかの赤ちゃんが動いて —— とジョアンは断言したのだが —— 彼女の膝の上の皿がはね上がったとき，女たちは面白がった —— ただし男たち，とりわけダッダはきまり悪そうな様子を見せた」

◆**参考**　「妊娠している」という標準的な言い方に対する英語は be pregnant である。その他，「身ごもっている」，「おなかが大きい」，「身重である」などの日本語に対して，英語では次のような表現がある。

be with child　　　　**be expecting [a baby]**
be big　　　　　　　**be in the family way**
be heavy [with child]

4　What could I tell them?　That Frank **cut** me **dead** in the change office, that you come into town and stay at Lisl's?

おれがやつらになにを通報できるっていうんだ？　通貨交換所でフランクに**斬り殺されそうになった**ってかい？　あんたがベルリンへやってきてリスルのところに泊まってるってかい？

解説　**cut ～ dead** は文脈によっては「切って～を死なせる」の意を表わすこともありうる表現であるが，ふつうは慣用表現で，「(人に会っても）知らないふりをする，そ知らぬ顔をする」の意である。

したがって，下線部は「通貨交換所でフランクはおれのことを**無視した**」の意を表わす。

● cut ～ dead はまた cut ～ cold ともいう。

I saw Jean in town today but she **cut** me **cold**.
（今日町でジーンにあったけど，彼女**知らんぷりをしていたよ**）

5　'Little swine.　Must be **off their bloody heads**.　I'll —— '

He stopped speaking as somebody flashing a torch ran into view and stopped near the garden gate.　A man's voice called,

'What's going on here?'

'Had my front window broken, look.　Must be a gang of —— '

Another missile crashed through a pane at the far end of the window ...

「ちびっ子どもめ。**頭に拳骨を入れて**やらなくちゃ。わたしは…」
誰かが懐中電燈の明りをチラチラさせながら走ってきて，庭の木戸のちかくで立ちどまったので，彼はしゃべるのをやめた。男の声がする ──
「お宅で何があったんですか？」
「おもての窓ガラスを割られたんだよ，ほら。いたずら小僧どもが …」
もう一発とんできて窓の向うはしのガラスを突きやぶった…

解説 なにかがドシンとおもての壁に当たったような音が聞こえた。しばらくして居間でガチャンという大きな音。すっとんで行ってみると，ガラスの破片が床に散らばっている。白っぽい球体がころころころがって部屋のすみで止まる。ゴルフのボールだ。畜生，がきどものしわざだな。彼は窓から外の暗闇に向かって大声でどなる。
そのあとの彼のことばである。

● **swine** はふつう集合的に「豚」を意味し，また汚い罵り語としては「野郎［ども］」ぐらいに当たる。ここでは悪質ないたずらをした子供たちのことを指しているので，Little swine は Those bloody kids（あの小僧どもめ）といった言い換えができる。
● **Must be** ～ は主語が省略されているが，補えば［*They*］must be ～ である。［*I*］must be ～ ではない。**must** も「ねばならない」の意に解されているが，ここではもちろん「～にちがいない」の意。
● **off one's head** は「気が狂って」の意のイディオムで，一語で言えば mad，crazy と同じ。mind を用いた熟語なら out of one's mind と言う。**bloody** は罵り語として，いまいましい気持を表わす。

cf. ｛a **blood** test　「血液検査」
　　 ｛a **bloody** test　「ひでえ試験」

● したがって囲みの中の文の冒頭のせりふは，
「あの悪がきどもめが。**おつむがいかれて**んじゃないのか。ただじゃ…」

といったことを述べていることがわかる。

◆**参考**　翻訳文の「頭に拳骨を入れてやらなくちゃ」に対応する英語は，和文英訳ふうには，

I'll hit their head with my fist.

であり，いくらかこの文脈のようなニュアンスを加えるならば，

I'll give 'em a nice punch on the head.

といったものになる。

6　Mr. Rummell made the subway journey downtown to Park Row in record time.

ランメル君は，約束の時間に，地下鉄で下町のパーク・ロウへ出かけた。

解説　「約束の時間に」はふつう at the appointed time である。in record time は「記録的な時間で」の意。したがってランメル君は「地下鉄に乗って記録的な早さで下町のパーク・ロウに到達した」のである。

◆**参考**　in record time を用いた例を一つ：

The man eating the ice cream finished it **in record time**. The other muttered something inaudible, and both men came across to the table where I was sitting with Werner.

—— Len Deighton : *Berlin Game*

アイスクリームを食べていた男は**記録的な早さで**それを食べ終えた。相手の男はなにか聞きとれないことをつぶやき，それから二人して私がヴェルナーと座っているテーブルまでやってきた。

7　Marion and Polly were seated side by side and Veronica a little apart from everyone until Wexford came in. Little Miss Muffet and the great spider who sat down beside her. Only **there was no** frightening her away. It would be a long time now before Veronica Williams could get away.

> マリアンとポリーが並んで坐り，ヴェロニカはウェクスフォードがはいってくるまで，誰からも少し離れたところに坐っていた。マフェット嬢ちゃんと，彼女のそばに腰を降した大蜘蛛（ぐも）。が，**そこには**，彼女を脅して追い払う**ものはいなかった**。ヴェロニカ・ウィリアムズが逃げだせるようになるまで，まだ長い時間がかかりそうだった。

解説　ヴェロニカはまだティーン・エイジの少女。殺人の容疑者として署の一室で尋問を受けようとしている。マリアンとポリーは係りの刑事である。そこへ主任警部のウェクスフォードが入ってきて，彼女のわきに座る。少女と警部は，ちょうど，あの有名な童謡の“小さなマフェットちゃんと大きなくも”といったところである。

● **There is no ～ing** は「～することはできない」の意を表わす慣用表現であるから，下線部は，

「ただし彼女をおびえさせて逃げ出させるという**ことはできなかった**」

の意を表わしている。there は，もちろん，「そこには」の意を表わす指示副詞ではない。

◆**注意**　この構文は，入試などでも頻出度が高く，意味だけでなく，次のような書き換えの形式を問われることも多い。

There is no denying the fact.
= It is impossible to deny the fact.
= We (You) cannot deny the fact.
(事実を否定することはできない)

◆**参考**　その実例を一つ：

There was no mistaking the injured truculence in the landlady's voice, nor her expression of superhuman patience to snap at last.

—— John Wain : *Hurry On Down*

下宿のおかみの声に含まれた傷ついてむっとしたとげとげしさは聞き誤りようもなかったし，また，彼女の超人的な堪忍袋の緒も今やついにぷつりと切れかかっているといった表情も見誤りようがなかった。

◆**参考**　“童謡”にあたる英語は **nursery rhyme**［raim］であるが，“Little Miss Muffet”は，古く厚い伝統をもつ nursery rhyme の世界でも，特に人気と知名度が高い。囲み文の下線部と関連する部分をみておく。

Little Miss Muffet
Sat on a tuffet,
Eating her curds and whey;
There came a big spider,
Who sat down beside her
And **frightened** Miss Muffet **away**.

ちいさいマフェットちゃんが
腰掛けにすわってた，
牛乳のお豆腐をたべながら。
そこへ大きなくもがやってきて，
そばにすわりこんだので
マフェットちゃんは怖くなって逃げちゃった。

● **curd**（凝乳）と **whey**（乳漿）は牛乳を凝固させた食品。「豆腐」は英語では **bean curd** と呼ばれるが，“**tofu**”もたいていの英英辞典の見出しとして採録され，「= bean curd」のような扱いを受けている例も見られる。

●詩などの行末の語が，母音を含む同じ音で終ることを“押韻”（rhyme）というが，この童謡では第一行と第二行，第三行と第六行，第四行と第五行がそれぞれ韻を踏んでおり，a a b c c b 型の押韻になっている。

8　“Hey, don’t you know who I am?”

“Yeah,” she answered with kind of disdain. “You’re the guy that owns Barrett Hall.”

She didn’t know who I was.

“I don’t own Barrett Hall,” I quibbled. “My great-grandfather happened to give it to Harvard.”

“So his not-so-great grandson would be sure to get in!”

「なにも知らないくせに，ぼくのことを」
「知ってるわ」彼女はかすかに軽蔑の色を浮かべて言った。「バレット講堂の持主でしょう。あなた」
わかってないんだなあ。
「バレット講堂の持主なんかじゃないよ」ぼくはこじつけを言った。「あの講堂をハーバードに寄贈した男が，たまたまぼくのひいじいさんだったというだけさ」
「**そして**三代目で落ち目ってわけ？」

解説　初対面の男女学生。男の大学はハーバード，女はラドクリフ (Radcliffe)。いずれ劣らぬ名門校である。女はジェニファ・キャブラリと名乗る。男はオリバー・バレット。“バレット”と言えばだれでも「あのバレット講堂の？」と尋ねてくる。しかし彼女はきかなかった。しかも，こちらを「プレッピー（予備校生)」呼ばわりして，エリート学生である自分にいささかも敬意を示さない。そこで彼が彼女に「僕のことだれだか知らないの？」と尋ねる。

● 下線部の So は「結果」に訳されているが，これはあとに would があるので「目的」を表わし，so that と同じなのである。つまり彼女は，彼が「僕のひいじいさんがあの講堂をハーバードに寄贈したんだ」と言ったのに対して，「そのひいじいさんのあまり出来のよくないひまごが間違いなく入学できる**ように**，ってわけね」と皮肉を言ったのである。

◆**注意**　「目的」を表わす **so that** のかわりに **so** だけを用いるのは口語的な言い方である。「結果」を表わす so の前にはコンマが置かれるが，「目的」を表わす so の前にはコンマは置かれないのがふつうである。

I left early, **so** I could get a good seat.
（早くでかけたのでいい席がとれた）〔結果〕

I left early **so** I could get a good seat.
（いい席がとれるよう早く出かけた）〔目的〕

◆**参考**　次は，かなり昔の，ある受験雑誌の投稿欄から。

〈 **たのもしき親父たち** 〉

太郎：親父，国立がだめなら私立でもいいってさ。

次郎：オレの親父も，落ちたら裏から入れてやるとよ。
三郎：オレのとこでは，落ちたら大学建ててやるってさ。

（熊本・実子）

9 What Ronnie liked best was to get drunk on the cheap wine he called "Parafino" and sprawl on the chaise and dig little hornets out of his nose and say what scum most people were. I knew he was **bad for** me and that I would have another breakdown if things went on like this much longer.

ロニーがいちばん好きなことは彼が「パラフィーノ」と呼ぶ安物ワインを飲んで酔払い，長椅子にどてっと寝そべって，鼻くそをほじくりながら，世間の奴らはみんなアホだと言うことだった。彼はたしかに僕に**辛くあたった**し，もしこんな生活がずっと続いたら僕の頭はまたどうにかなってしまうに違いないと思っていた。

解説　good や bad は多様な意味を表わすので，あとに to を伴う場合と for を伴う場合を正しく区別する。

She is **good to** me.
（彼女は僕に親切だ／僕によくしてくれる）
Milk is **good for** you.（牛乳はからだによい）

すなわち，**good to** の場合の good は「親切な，やさしい（= kind）」，**good for** の場合は「有益な，ためになる（= beneficial）」の意。

bad for は good for の反対で，「～にとって有害な（ためにならない）」の意を表わす。

Smoking is **bad for** you.
（喫煙はからだのために悪い）

● したがって，上の下線部も「彼は僕にとってためにならなかった」であって，彼との生活が“僕”に悪影響を及ぼしたことを述べている。

◆**参考**　**bad for** ～ の例を一つ。

"I have seen people grovel to German army officers, simply to get a crust of bread. It did not horrify me. ... but remember —— it was very **bad for** us. After the war, many people forgot, but I suffered, so I do not forget."　—— Paul Theroux：*After the War*

「ただ一かけらのパンをもらうために，人々がドイツの将校にぺこぺこするのも見たよ。私は別に平気だったけどね。…でもね，あれは私たち**にとって**とても**ひどい**ことだったよ。戦争が終ってしまったら，多くの人たちは忘れてしまったが，私は苦しい思いをしたので，忘れたりはしない」

10 She'd kissed full on the lips **as a child**, it was her way. She gave feeling so naturally he thought he had earned it.

彼女は**子供のように**彼の唇にキスした。昔からそうだった。素直に感情を表現するので，彼のほうでも不自然な感じはしなかった。

解説 「～のように」の意を表わす like と as の用法を区別しなければならない。

{ She kisses me **like** a child.
{ She kisses me **as** a child does.

いずれも「彼女は子供のように私にキスをする」の意であるが，like は前置詞，as は接続詞である。as が前置詞の場合は「～として」の意。

He worked **as** a waiter.
（彼は給仕として働いた）

● 上の下線部も as a child *did* となっていれば as は接続詞として「～のように」と訳してよいことになるが，did がないので as は前置詞であり，「子供のころ」の意を表わす。すなわち「彼女は**子供のころ**まともに唇にキスした」のである。

◆**注意**　**like** は，as と同様に，接続詞として「～のように」の意で口語的によく用いられる。〔⇨ p. 214〕 **the way** も同じように用いられる。

Nobody can do it **as** (**like**, **the way**) you do.
（だれも君のようにはそれをすることはできない）

◆**参考**　as a boy（少年のころ），as a girl（少女のころ）なども同じであるが，例を示しておく。

(1) Slowly, she rises from her chair and walks past a photograph of Charles **as a young boy**. —— Thomas. Hauser : *Missing*

ゆっくりと彼女は椅子から立ち上がり，若い子供だったころのチャールズの写真の前を歩んでゆく。

(2) She was rather delicate **as a girl**.

—— Agatha Christie : *Nemesis*

彼女は子供のころやや虚弱だった。

＊ (1)では as a young boy は形容詞句の働きをし，(2)では as a girl は副詞句の働きをしている。

11 Sometimes before it got into the bank to be taken care of, somebody would ask Lena for it. The little Haydon boy sometimes asked and would get it, and sometimes some of the girls, the ones Lena always sat with, needed some more money; but the German cook, who always scolded Lena, **saw to it that** this did not happen often.

時には，用心深く銀行に入れてしまう前に，だれかがレナに金の無心をいったりした。小さなヘイドンの息子が時にはねだってそれを巻きあげることもあり，時にはレナが普段いっしょに並んで子守している娘たちの中でいくらか余分の金が必要な者があったりしたのであるが，いつもレナを叱りつけている料理女には，こんなことはそうひんぱんに起るわけではないと**わかっていた**。

解説　**see** はあとに *that*-節を伴うときは「〜ということがわかる」の意を表わすこともあるが，**see to it that** 〜 はきまった言い方で「かならず〜するようにする」（= make sure [that] 〜）の意である。だからこの下線部は「いつもレナを叱りつけていたドイツ人の料理女は，こんなことがしょっちゅう起こらない**ように計らった**」が正しい。

◆**注意**　**see to it that** ～ の to it は省略されることもある。したがって **see that** ～ は,

(1)「(～ということに) 気づく, わかる, 認める」

(2)「(かならず～するように) 注意する, 計らう」

のいずれであるかを区別しなければならない。

(1) I **saw that** he did not intend to come back.
(私は彼には帰って来るつもりのないことがわかった)

(2) **See that** the work is done on time. 〔= See *to it* that ～〕
(仕事がかならず時間どおりに終るようにしてくださいよ)

---

12 I wish you would sometimes write me a letter saying things I could think about. What happened at the Hotel Contessa between us wasn't all my fault, if you've **stopped to think** about it.

　ときどき何か私が考える材料になるような手紙をいただけないでしょうか。ホテル・コンテッサでのことは, 水に流していただけるなら, かならずしも私ばかりのせいではありません。

解説　動詞のなかには, あとに動名詞がくるか不定詞がくるかによって意味が異なるものがある。**stop** もその一つで, 次の区別は重要である。

stop *doing*「～するのをやめる」
stop *to do*「～するために立ち止まる, 立ち止まって (時間をかけて, わざわざ) ～する」

したがって,

He stopped **thinking** about it.
(彼はそれについて考えるのをやめた)

He stopped **to think** about it.
(彼は少し時間をかけてそれについて考えた)

●上の下線部は不定詞なので「もしそのことについて**ちょっと考えて**みていただいたならばおわかりでしょうが (ホテル・コンテッサで私た

ちのあいだで起こったことは私だけのせいではありません)」の意であることがわかる。

◆**参考** 両方の例をそれぞれ示しておく。

Do you know I've **stopped reading** in the lavatory? I kept feeling it was an insult to the writer.

—— Arnold Wesker : *The Friends*

僕はね，もうトイレで本を読むのはやめたんだよ。著者に対して失礼だって感じがいつもしてたんでね。

The wolf was just moving away when he heard the sound of the medals clinking and **stopped to listen**.

—— Saki : *The Story-Teller*

狼がちょうど立ち去ろうとしたとき，メダルがチリンチリン鳴る音が聞こえたので，立ち止まって耳をすました。

13 'You remember the dogs, dear. They are in the photo, too.'

'It was them gave Curran the idea.'

'The Revered,' Aunt Augusta repeated again, and they laughed in unison at their private memory. I felt very much alone, so I took another ginger-snap.

'The boy **has a sweet tooth**,' Hatty remarked.

「犬はおぼえてる，あんた？ あれも写真にうつってたわ」

「カランが思いついたのもあの犬のおかげだった」

「牧さんがね」叔母がもう一度そう言うと，二人は二人だけのことを思い出して一緒になって笑った。わたしはすっかり取り残された気がしてショウガ入りのクラッカーをもう一つつまんだ。

「この人，**とても歯がいいのね**」とハッティ。

解説 中年男の“私”は，高齢の叔母 Augusta の旅の供をしているが，叔母は昔なじみの Hatty を訪れ，久しぶりに会った二人はとりとめのない昔話に夢中になる。当時の二人の男友だちであったCurran（愛称 The Revered）も話題にのぼるが，私には無縁の話で，所在なく，クラッカーをつまむ。それを見て，Hattyが言った言葉である。

- 「歯がいい」は文字どおり **have good teeth** である。**have a sweet tooth** は「甘いものが好きだ」の意で，「彼は甘党だ」，「僕は甘いものに目がない」といった日本語で対応させることも多い。
- 3行目の強調構文のふつうの形は ‘It was them who (*or* that) gave Curran the idea.’（そのことをカランに思いつかせたのはその犬たちだった）である。
- 7行目の **The boy** は，boy が年齢に関係なく「男」をさして（親愛感をこめて）用いられた例である。

◆**参考**　have a sweet tooth の例を一つ：

He had the foreigner’s pointlessly good English … .

He did not “require” any food, he did not “use” cigarettes, he had a “very sweet tooth” and where was the “parlour”?

—— Paul Theroux：*Doctor Slaughter*

彼は外国人特有のやたらに正しい英語を話した…。

彼は食べ物は「必要としない」し，たばこも「たしなまない」し，「**甘いものをとても好む**」と言い，「座敷」はどこか，と尋ねた。

- 英文中の“　”は，外国人特有のあらたまった言葉遣いを示している。ふつうならば，それぞれ，たとえば次のように言うところ：

“I don’t want any food.”（食べ物はいりません）

“I don’t smoke.”（たばこはやりません）

“I’m very fond of sweet things.”（甘いものが大好きなんです）

“Where’s the sitting room?”（居間はどこですか）

14　“You can’t know everything in advance or what’s marriage for? ①You take your chances. Whoever marries you will be taking one.”

“② You can say that again. But I may not want to get married.”

「初めから何もかもわかっているわけにゃいかないだろう。そうでなければ，なぜ結婚するんだ。①出会いだよ。誰と結婚するにしても，出会いなんだ」
「②あなたはそう思ってかまわないけど，私は結婚しようなんて思わないかもしれないわよ」

解説 **take a chance**, **take chances**, **take one's chance(s)** は「一か八かやってみる，運にまかせてやってみる（trust to luck），危険を冒してやってみる」などの意の熟語である。

したがって，下線部① の前半の文は「一か八かの賭けだよ」といったことを述べている。そのあとの文 **Whoever** marries you will be ～ は **Anyone who** marries you will be ～ と言い換えられるが，one はもちろん a chance を表わし，この文の直訳は「君と結婚する人がだれであれ，やはり賭けをすることになるんだよ」である。

下線部② の **You can say that again**. というのも決まり文句で，相手の言ったことに対する全面的な同意を表わし，これは **You said it**. と言っても同じである。すなわち，上の女性は「まったくそのとおりね」と相づちを打ったのである。

◆**参考**　それぞれ例を一つ示しておく。

(1) "Can she see me leave the barn?"
"Not if you go out the study door. Certainly not in the dark."
"Let's **don't take the chance**," Fanny said.
—— Bernard Malamud : *Dubin's Lives*

「私が納屋を出るとこ，奥さんに見えるかしら」
「いや，書斎のドアから出れば見えない。暗がりなら絶対見えないよ」
「**危ない橋は渡らない**ほうがいいわ」とファニーは言った。

(2) Susanna blushed gloriously. "I — I'm an actress," she said.
"**You can say that again**," said Fuller. "Greatest actresses in the world. American women."
—— Kurt Vonnegut, Jr. : *Miss Temptation*

スザンナは真っ赤になった。「あたし —— あたし，女優よ」

「そうだとも」とフラーは言った。「世界一の女優だよ。アメリカの女性は」

15 I had this **shrink** once who said because my father was so flighty and unconcerned I had this image of myself with roots in the earth.

私，前にもこういうふうに**逃げたこと**があるのよ。もしかすると父があんまりふらふらしていい加減だったから，自分は大地にしっかり根を張りたいと思うようになったのかも知れないわ。

解説 動詞の **shrink** には「ひるむ；しりごみする」などの意があるので，名詞は「逃げること」と解されているようである。そして shrink を修飾する関係代名詞節の一部である who said が，訳文では抜け落ちてしまっている。この shrink は headshrinker に由来する俗語で，**psychiatrist**［saikáiətrist］つまり「精神科医」の意なのである。

●したがって，その箇所を訂正すると，次のような訳文になる。

「いつかこんなことを言った**精神科医**がいたわ。私の父があんまりふらふらしていい加減だったから，私は大地にしっかり根を張った自分のイメージをいだくようになったんですって」

◆**参考**　例を一つ示しておく。

I wanted somebody other than a **shrink** to advise me about my life. —— Bernard Malamud：*Dubin's Lives*

私は**精神科医**じゃない人で，だれか私の人生について助言してくれる人がほしかったの。

16 I had kept a journal during that period, and I can read in it week after week the record of sleepless nights, of depression and my attempts again and again to find a job, **on** a

Sunday newspaper, at a university in Bangkok.

この時期，わたしは日記をつけていた。それを読むと，どの週をとってみても，眠れぬ夜，意気消沈，職探しの記録，にほかならない。仕事を求めて日曜新聞**に目を通したり**，バンコックの大学はどうかと考えたりしている。

解説 **newspaper** の前に置かれる前置詞が **in** であるか，**on** であるかによって，意味はまったく異なる。

(1) He is **on** a paper.

〔誤〕 彼の記事が新聞に載っている。

〔正〕 彼は新聞社に勤めている。(新聞記者だ)

(2)「それはすべての新聞にでている」

〔誤〕 It is **on** all the newspapers.

〔正〕 It is **in** all the newspapers.

●したがって，囲みの文の下線部は「日曜新聞に勤め口を捜した」のであって，「日曜新聞に目を通して仕事を捜した」のではないことがわかる。

◆**参考**　on と in の類例をそれぞれ示しておく。

Nottwich, of course, is Nottingham where, as I have recounted in *A Sort of Life*, I lived for three winter months with a mongrel terrier, working in the evenings as a trainee **on** the *Nottingham Journal*. ―― Graham Greene：*Ways of Escape*

ノットウィッチとは，言うまでもなく，ノッティンガムのことであり，ここで私は，『ある種の人生』の中でも記したように，夕方の時間を『ノッティンガム・ジャーナル』紙の見習い社員として働きながら，冬の三か月間を雑種のテリアといっしょに過ごした。

On the Monday, July 16th, he was front-page news **in** all the dailies. ―― John Fowles：*The Ebony Tower*

7月16日の月曜日に，彼はすべての日刊紙に一面記事としてのった。

17 “So she's an actress too. In Sardinian films.”
“Well, it was a Sardinian corporation. The film was international. Look, she's not Miss O'Shea, **not by a long shot**. Miss O'Shea has style ...”

「すると女優もやっているのか。サルディニアの映画で」
「そう，サルディニアの会社。映画は各国合作でね。でも，ミス・オウシェイとは違うんだ，**ロング・ショットで撮ったときが**。ミス・オウシェイにはスタイルがある…」

解説 映画や女優の名前があるから，**a long shot** は「ロング・ショット」(遠写し) でいいようだが，by a long shot は熟語で，映画の撮影技法とは関係がない。

by a long shot は，ふつう not が先行し「決して～ない，全然～ない」(= not by any means) の意を表わすので，下線部は「彼女はミス・オウシェイとは違うんだ，**全然**」の意である。

◆**注意**　この表現で shot のかわりに chalk を用いることもある。たとえば：

I've not given up my hopes of becoming a famous footballer, **not by a long chalk**.

(僕は有名なフットボール選手になる希望を捨てちゃいないんだ，**全然ね**)

18 His thoughts were scattered. He felt vapid, vague, something pecking at **the back of his mind**, as though he'd forgotten to do what he had meant to.

考えが散ってまとまらない。ぼんやりと気が抜けてしまい，書くつもりでいたことをきれいに忘れてしまった感じで，**頭のうしろ**をどやされているような気持になった。

解説　**mind** は，**body**（肉体，からだ）に対する「精神，心」である場合もあるし，**heart**（心＝情）に対する「頭＝知」の意で用いられることもある。だから，上の翻訳文でも「頭」という訳語そのものは間違っていないが，「頭のうしろをどやす」という表現における「頭」は「頭部」であって，これに対する英語は **head** である。また，**peck** は「(くちばしなどで）つつく，ついばむ」などの意で「どやす」とは全く異なる。

● したがって下線部は，比喩的な表現であるが，「なにかが彼の**頭の奥のほう**をつついているように」のようにでも訳しておくことになるだろう。

◆**注意**　上述のように the back of one's **head** は「後頭部」であるが，the back of one's **mind** のほうは，一般に「心(頭，記憶)の奥」の意である。

He puzzled his brains to discover what was **at the back of her mind**.

（彼はいったい彼女が**心の奥で**何を考えているのだろうと頭をひねった）

19　The greatest good of the greatest number. **Beside** that fundamental declaration of common sense all other philosophies are metaphysical abstractions.

大多数の人間の最大限の幸福か。この根本的な常識**のほかは**，すべての哲学は形而上的な抽象にすぎん。

解説　beside と besides は混同しやすい。

(1) **beside**「～のそばに」(= by the side of ～)

(2) **besides**「～のほかに」(= in addition to ～)

(1) There were a few customers **beside** her.

（彼女**のそばに**客が二，三人いた）

(2) There were a few customers **besides** her.

（彼女**のほかにも**客が二，三人いた）

●したがって，**beside** を「～のほかは」とした上の翻訳文は明らかに適当でないことがわかるが，この beside は「～のそばに」という訳を当てはめることはできない。beside にはもう一つの大切な意味，すなわち「～とくらべれば」（= compared with ～）という意味があり，この下線部は，

「この基本的な常識の宣言**にくらべれば**」

と訳すのが正しい。

◆**注意**　イギリスの哲学者ベンサム（Jeremy Bentham, 1748－1831）の有名な言葉，

The greatest happiness of the greatest number is the foundation of morals and legislation.

「最大多数の最大幸福は道徳と立法の基礎である」

はよく引用されるが，この the greatest number を上の翻訳文のように「大多数の人間」と訳すと，別の意味を表わす。ベンサムの言葉は「大多数の人間」（= the majority of people）ではなく，「最大限に多くの人間」が最大限に幸福になることを述べている。念のため。

◆**参考**　**besides** のほうは動名詞を伴うことも多く，たとえば，

{ He **not only** made a promise, **but** kept it.
{ **Besides** making a promise, he kept it.

（約束をしただけでなく，ちゃんと守った）

のような書き換えも行われるが，推理小説からその例を一つ：

“She a senior now?”

“Yes, she's scheduled to graduate in June.”

“**Besides** being the daughter of a major league dildo, what is her problem?”　　—— Robert B. Parker：*Ceremony*

「彼女いま最上級生ってわけか」

「そうなの。6月に卒業の予定よ」

「メイジャー・リーグ級の大ばかのおやじの娘だってこと**のほかに**，彼女にはどんな問題があるのかね」

20 "That your RX-7 out at the curb?" He was smiling slightly. I didn't answer. "Looks like something bad happened to it. I'm surprised you'd drive it in that condition. I'm surprised you came out to see me."

I pressed my elbow against the gun in my pocket. "What made you think I'd **get scared**?"

First he glanced at my breasts, then he gazed at me as though he had no idea what I was talking about. I gazed back, trying to look a whole lot cooler than I felt.

「あそこの縁石に停めてあるのは，あんたの RX-7？」彼はかすかに笑った。わたしは無言のままでいた。「なにか車にひどいことが起きたらしいね。あんな状態の車を運転しているとは驚きだな。ここまでぼくに会いに来たこともだけど」

わたしはポケットの銃にひじでふれた。「なぜわたしが**脅かされた**と思うんです？」

彼はまずわたしの胸もとに目をやり，次にいったい何の話をしているのかわからないというふうにわたしを見つめた。自分が感じているよりはずっと冷静に見えるように願いながら，わたしは平然と視線を返した。

解説 "わたし" は女性の私立探偵。路上においてあったわたしの車は，窓がたたき割られ，赤ペンキがいたるところにぶちまけられ，ハンドルの上には "次はほんものの血だ" と書かれたメモがテープで貼ってあった。

今，目の前にいる相手の男は，その車を見て「あんたの車にひどいことが起きたらしいね」とうそぶいているが，この男の仕業であることに間違いはない。脅しなのだ。

I'd get scared の I'd は（I had ではなく）I would の縮約形である。**get scared** は「怖がる，おびえる」の意で，恐怖感をいだくことである。

●下線部は無生物主語の疑問文で，直訳は「何があなたに私がおびえるだろうと思わせたのか？」であり，これはふつう「なぜあなたは私がおびえるだろうと思ったのか？」のように訳しかえられる。さらにここでの文脈的な意味をはっきり表わせば，

「そんなことで私が**おじけづく**とでも思ったの？」

といった訳になる。

◆**注意**　**scare** に近い意味を表わすのは **frighten**，**terrify**（怖がらせる，おびえさせる）などで，これらは **threaten**（脅す，脅迫する）と区別されなければならない。

---

21 She woke him to explain herself: her father had killed himself when she was a child — after his wife had betrayed him. Yet I loved her till she deserted me for a lover she went to Europe with. I could **no more** do that to a child **than** I could destroy it.

彼女は彼が眠っているのを起こしては，自分のことを話した。父は私が子供のときに自殺したの ― 母に裏切られたのが原因だったのね。それでも私は母を愛していたわ，私を捨てて愛人とヨーロッパへ行ってしまうまでは。私なら，そんなことをするくらいなら子供を殺すわ。

解説　**no more ～ than ...** は **not ～ any more than ...** の形をとることもあり，「…でないのと同様に～でない；～でないのは…でないのと同じだ」の意味関係を表わす。

たとえば：

We can**not** live without air **any more than** the fish can without water.

（魚は水がなければ生きられないように，われわれは空気がなければ生きられない／われわれが空気なしで生きていられないのは，魚が水なしでは生きていられないのと同じである）

この構文で注意すべき点の一つは，than が導く節の中では not が用いられない（すなわち ... than the fish can**not** とはならない）が，否定

の意味を補って訳さなければならないということである。この誤訳もその点を間違えて，「殺さない」とあるべきところを「殺す」にしてしまったものである。

● したがって，この下線部の表わす意味は，正しくは，「私だったら，子供を殺すことができないように，子供にそんなことをする（＝子供を捨てる）ことはできないでしょう」

◆**注意**　もう一つの確認しておくべき点は，この構文は than 以下の自明の例を引き合いにだして，否定陳述を行う形であるということである。すなわち，「子供を殺すことはできない」ということは，わかりきった自明の内容であるが，それを引き合いにだして，そんなことはできないのと同様に「子供を捨てたりすることはできない」と言っているわけである。

◆**参考**　Hamlet の有名な独白の一つに，この no more ～ than ... の構文があらわれる。

My father's brother, but **no more** like my father
Than I to Hercules.

—— W. Shakespeare：*Hamlet,* Act I, Sc. 2

父上の弟，だが父上とは似ても似つかぬ，
この私がヘラクレスに似ていないのと同じように。

ハムレットの父である先王が死んで，二か月もたたないのに先王の妃であるハムレットの母が，先王の弟と結婚する。その，母の夫となった，父の弟は，あの英邁な亡き父とはくらべようもない ── その似ていないさまを述べる自明の例として，自分が，あのギリシャ神話の英雄ヘラクレスとくらべようもないように，と言っているのである。

22　Skeeter Ferguson lit his cigar with movie-gangster showmanship, constructed an impeccable smoke ring, blew it straight into my face, and said: "I've come to get you."

"*Now*?"

"Just as soon as you bring me the old lady's necklace."

It was useless to stall, but I tried: "What necklace?"

"Save your breath. Go get it and then we'll head somewhere. Or else we won't. And you'll never have another chance."

"But she's wearing it!"

Another smoke ring, professionally manufactured, effortlessly projected. "How you get it ain't none of my beeswax. I'll just be right here. Waiting."

"But it may take a long time. And **suppose** I can't do it?"

"You will. I'll wait till you do."

スキーター・ファーガソンは映画のギャング気取りで，この葉巻に火を点け，見事な煙の輪をつくって私の顔へ向かってまともに吹きつけ，そして，口を開いた。

「おめえを連れに来たぜ」

「今すぐ？」

「婆さんのネックレスをおめえが持って来たらすぐにな」

「ネックレスって，どの」と，ごまかしても無意味ではあるが，言ってみた。

「無駄口なんかたたくなってんだ。ネックレスを取ってくりゃ，これから行くところがあるけどよ，そいじゃなきゃご破算だぜ。もうチャンスはねえからな」

「だけど，ぼくのおばあさん，身に着けて離さないんだもの」

またも見事な煙の輪を造作なく吐きだし，

「どうやって持ってこようと，おれの知ったこっちゃない。ここにいて待ってるぜ」

「でも，だいぶ時間がかかるかもしれない。それに，そんなことできない**と思うよ**」

「やれるさ。持って来るまで待ってんからよ」

解説　下線部の **suppose** は I suppose の I が省略されたものと解されているが，これに類した表現（たとえば I think, I believe など）で，主語が省略されることはあまりない。それに，文末の疑問符も見落してはならない。この suppose は命令文の用法で，「～だと仮定してみなさい」の意から，「仮に～だとしよう，もし～だとしたら」といった，if に近い意味で，接続詞として用いられる場合である。次の例のように，疑問文の節を伴うことも多い。

(1) **Suppose** it rains, what shall we do?
（雨が降ったら，どうしよう）

(2) **Suppose** you had a million pounds — how would you spend it?
（君が仮に百万ポンド持ってるとしよう — 君はどんなふうにそれを使うかね）

● suppose が導く節では，if の場合と同じく，(1) のように単なる仮定を表わして直説法を用いることもあれば，(2) のように事実と反対の仮定を表わして仮定法を用いることもある。

● supposing も同じように用いられる。

Supposing [that] it rains, can we play the match indoors?
（雨が降ったら，屋内で試合ができるだろうか）

● したがって囲みの中の下線部の後半も「それに，ぼくにそれができなかった**としたら**（どうなるの）？」の意であることがわかる。

● 12 行目の **beeswax** は「蜜(みつ)ろう」であるが，～ ain't none of my beeswax は非文法的な二重否定（not ～ none）を含むくだけた口語表現で，～ is none of my business（～は私の知ったことではない）と同じ。

◆**参考**　例を二つ示しておく。

(1) **Suppose** someone came and found you in the kitchen?
— T. S. Eliot：*The Cocktail Party*

もしだれかがやってきて，あなたが台所にいるのを見つけた**としたら**？

(2) Maurice borrowed some arsenic once from the Cadaver Club but he assured me that he had replaced it. But **suppose** he didn't? **Suppose** he couldn't bring himself to part with it? That would be typical of Maurice.
— P. D. James：*Unnatural Causes*

モーリスはいつかカダバー・クラブから砒素を借りたことがあり，私にはちゃんともとに戻しておいたと言っていました。でも，もし戻していなかった**としたら**？ もし彼がその砒素をどうしても手放す気になれなかったとしたら？ それはいかにもモーリスらしいことでしょうが。

＊ (1) の came と found は仮定法過去で，現在これからのことを述べているが，(2) の didn't と couldn't は直説法の過去であって過去のことを述べている。

23 Anything woke him if he momentarily dozed. Any new sound in the night. Or her impassioned breathing during dreams. Or the hint of whistling in his nose. Or his heart-beat drumming in his ears on the pillow. Awake, he feared **not** sleeping.

　すこしとろとろすると，かならず何かで目がさめる。聞き慣れない夜の音がしたり，彼女が夢を見て激しい息づかいになったりした。自分の鼻が笛のような音を立てる気がしたり，耳を枕に当てていると心臓の鼓動が太鼓のように聞えることもある。目がさめてしまえば，眠るのはこわく**なかった**。

解説 **not** については文の動詞を打ち消す場合と，不定詞や動名詞を打ち消す場合とを正しく区別しなければならない。

(1) She did **not** claim to know him.

(2) She claimed **not** to know him.

(1) は「彼女は彼を知っているとは主張しなかった」の意で，not は文の動詞（claim）を打ち消す。

(2) は「彼女は彼を知らないと主張した」の意で，not は不定詞（to know）を打ち消す。

● この下線部の not も，動詞（fear）ではなく，動名詞（sleeping）を打ち消している。Awake は *When he was* awake と補うことができ，この文は「目がさめているときは，眠らないことを恐れた」の意を述べている。

● 上の翻訳文「眠るのはこわくなかった」に対応する英文は，He did **not** fear sleeping. である。

24 But Ronald Callender had desecrated his body after death; had planned to make him an object, **at worst** of contempt, **at best** of pity. She had set her face against Ronald Callender. She hadn't wanted him to die; wouldn't have been capable herself of pressing the trigger.

しかし，ロナルド・カレンダーは彼の死体を，その死のあと，冒瀆した。その死体を，**最悪の**侮辱，**最高の**憐れみの的（まと）に仕立てようとした。彼女はそのロナルド卿に反抗したのだ。卿が死ねばいいとは思わなかった。自分があの引金を引く資格を持っているとは思わなかった。

解説 **at best** は「最もよいときには；よくても（せいぜい）」，**at worst** は「最悪の場合には；悪くても」の意を表わす副詞句であって，上の訳のように形容詞的に修飾することはない。たとえば，

Smoking is acknowledged to be **at best** unwholesome, and **at worst** lethal.

（喫煙は，よくても不健全，悪くすれば命取りになると言われている）

●したがって，囲みの下線部は「その死体を**悪くすれば**軽べつの，**よくても**憐れみの，的に仕立てようとした」が正しいことになる。

◆**参考**　類例を一つ：

To remain unembittered by failure is as difficult —— or nearly so —— as to remain unspoilt by success. The reaction of the world to the former condition is pity **at best**, and **at worst** contempt, while the latter is usually greeted with admiration deeply tinged with envy.

失敗して落胆しないでいるのは，成功して増長しないでいるのと同じくらい —— あるいはほとんど同じくらい —— むずかしい。前者の場合に対する世間の反応は**よくて**同情，**悪くすれば**軽べつであり，一方，後者は，ふつう，ねたみの色を深く帯びた賞賛に

よって迎えられる。

◆**注意**　囲みの中の英文の最後の部分 **would**n't **have been** capable herself of pressing the trigger は，仮定法表現であるから，

「自分があの引金を引く資格を持っているとは思わなかった」

ではなく，

「自分ならばピストルの引金を引くことはできなかっただろう」

の意である。

● “彼女”は私立探偵であり，ロナルド・カレンダー卿から，自殺とされる死亡事件の調査を依頼されるが，実はその死は卿自身による他殺であることがわかる。そのあと卿は，自分の秘書であり被害者の母親でもある女性に射殺されることになるが，彼女は「もし自分があの秘書の立場に置かれていたならば，引金を引くことはできなかっただろう」ということを述べているのである。

25 The trouble was that while he was still paying for the fur coat on hire purchase his little pee-thing gave her a baby, so he had to marry her and be done with it.

If he'd been a few years older she'd have been young enough to be his daughter. He wouldn't have minded, but she wasn't even pretty, and soon looked as old as he was, which **served** him **right** for getting carried away in the first place.

困ったことに，月賦で買ったコートの支払いがまだ済まないうちに，かわいいあれのほうが彼女に赤ん坊をこしらえてしまった。そこで，彼女と結婚するより仕方のないことになった。

かれのほうがもう少し年をくっていたら，娘だといってもおかしくないくらいの年の女だった。それでも一向にかまわなかったが，おまけに，あまり美人ではなかったし，じきにかれと同じに老(ふ)けこんでしまった。そもそもそんな女だからこそ恋人にしたのだ。

解説　**serve** (a person) **right** はよく用いられる表現で「(人にとって) 当然の報いとなる」の意を表わす。典型的な例を示せば：

(1) He failed his exam; it **served** him **right** because he had not studied.
(彼は試験にしくじった。勉強しなかったんだから**当然だ**)

(2) "I've got such a pain in my stomach!"
"**Serves** you **right** for eating so many cakes!"
「おなかがひどく痛むんだ」
「あんなにたくさんケーキを食べたんだから**当然の報いだ**よ」

(3) He's so sure he's going to win. It'll **serve** him **right** if he loses.
(あいつは自分が勝つと思って自信満々だ。負ければ**いい気味だ**な)

● 囲みの中の下線部では for ～ を伴う(2)の形で用いられているので，「それも，そもそも最初にのぼせちゃったんだから**当然の報い**というべきだった」の意を表わしていることがわかる。

◆**注意**　下線部の carry away は「夢中にならせる」の意で，受動態で用いられることが多い。

She was **carried away** by the man's charm.
(彼女はその男の魅力に**夢中になって**しまった)

● 3行目の **be done with it** は「(面倒なことなどを) 終りにする，片をつける」の意。この部分を直訳しておけば「彼女と結婚して，ことの決着をつけなければならなかった」 なお，その前の **pee-thing** は (pee は「おしっこ[をする]」なので)「おしっこをするもの」の意。

◆**参考**　It serves you right. は (2) の例にも見られるように，主語を省略して，Serve[s] you right! (いい気味だ，ざまあみろ) の形をとることも多い。-s がつかない形の例を一つ：

"That girl will leave him," he said to himself. "She'll hate him like poison. And **serve** him **right**. Then she'll go off with somebody else."　—— D. H. Lawrence : *England, My England*

「あの子は彼を棄(す)てるだろうな」と彼は思った。「毒のように彼を憎むようになるだろう。ざまあみろだ。それから彼女はだれかほかの男と出奔することになるだろう」

26　I ①**want** the people who interpret the law of the land to be independent of all external influence, sheltered from popular whimsey.

I ②**want** Supreme Court justices who have been tempered by life's blows and mellowed by life's pleasures. I ③**want** them aged and experienced and world-wise and maybe even a little world weary.

私は，国家の法律解釈に関し，外圧を排除しながら独立を守り，さらには大衆の気まぐれから法律を守ってくれる人々が必要だ。

人生の痛みに感情を高ぶらせ，世の楽しみに円熟した最高裁判事を私は求めている。そのためには彼らが年齢を積み，経験豊かで，聡明でなければならないし，多分，少しばかりえん世気分さえ持っているのがいい。

解説　三つの文のいずれもが，want を述語動詞としているが，それぞれの用法を簡単な文で示せば次のようになる。

① I **want** a man to be courageous.
　（男は勇気を持ってほしい）

② I **want** a man who is courageous.
　（私は勇気ある人を望む）

③ I **want** everything perfect.
　（私はすべてが完ぺきであることを望む）

●上の下線部は，①の文型であるのに，②として訳されている。正しい形の訳文は，

「国家の法律を解釈する人々は，大衆の気まぐれから保護されて，あらゆる外部の影響に支配されないことを，私は望む」

のようなものでなければならない。

◆**注意**　③ の「S・V・O・C」の文型で，分詞がCになることも多い。

I **want** it *done* as quickly as possible.

(できるだけ早くそれをし終えてほしい)

＊次のような ～ing は，ふつう，『意味上の主語』がついた動名詞と解される。その場合，文型は「S・V・O」である。

I don't **want** you *arriving* late.（[僕は君が遅刻することを望まない→] 君に遅刻してもらいたくない）

●次のような区別にも注意。

I **want** *boiled* eggs.〔S・V・O〕

(ゆで卵がほしい)

I **want** my eggs *boiled*.〔S・V・O・C〕

(僕の卵はゆでてほしい)

◆**注意**　囲み中の二番目の文で ... have been tempered by life's blows が「人生の痛みに感情を高ぶらせ」と訳されているが，temper が表わす意味からかなりかけ離れている。名詞の場合の temper の「かんしゃく，短気」などの意からのこじつけかと想像されるが，動詞の場合は「緩和する；(鉄などを)鍛える」などの意で用いられる。この場合も，

「人生の試練によって鍛えられて」

といった方向で解釈しておいてよい。

◆**参考**　同じ動詞用法の temper の例を一つ：

Schools are faced with the immensely difficult task of handing on the ideas of the past, **tempered** by the experience of the present, to men and women of the future.

—— M. Hutchinson & C. Young : *Educating the Intelligent*

学校は過去の考えを，現在の経験によって**調整して**，未来の人々に伝えるという，きわめて困難な課題に直面している。

27　"I lost you for a couple of years back there," I said. "I found out that I could live without you. And I found out also that I didn't want **to**."

"Because?"

"Because I love you," I said. "Because you are in my life like the music at the edge of silence."

「前にきみを２年ほど失ったことがある。おれは，きみがいなくても生きてゆけることを知った。同時に，生きてゆく気持ちを失ったことも知った」
「なぜなら？」
「なぜなら，きみを愛してるからだ。おれの人生におけるきみは，静寂の縁の音楽のようなものだから」

解説　既出の動詞を繰り返して用いないで，そのかわりに **to** だけを用いることがある。そのように用いられた to を『代不定詞』(Pro-infinitive) と呼ぶことがある。

Don't let him drink any more even if he wants **to**.
（彼がもっと飲みたいと言ったって飲ませちゃいけないよ）

●囲みの文の下線部の代不定詞を，省略されている要素を補って表わせば，次のどちらであろうか。

(1) ... I didn't want **to** *live*
(2) ... I didn't want **to** *live without you*

上の翻訳文では (1) と解して訳されているが，実は (2) が正しく，下線部は，

「君なしで生きることを望まないということも知った」

となる。彼は，彼女のいない生活を経験してみて，彼女なしでも生きられることがわかったが，また，自分の人生にはぜひとも彼女が必要だという自分の気持もはっきり確かめられた，ということを述べているのである。

◆**参考**　英語では代不定詞によって動詞の反復を避けることができるが，それに対する日本語の訳文では動詞を繰り返して表わすことになるのがふつうである。

代不定詞の例を一つ：

Could she shoot? Yes. She could. If she had **to**. And if she had **to**, she'd be calm and steady and the gun wouldn't waver.

—— Robert B. Parker : *Crimson Joy*

彼女は射(う)てるだろうか。もちろん。彼女は射てる。**射た**なければならないならば。それに，もし**射た**なければならないならば，

彼女は冷静で落着いていて，銃が揺れるようなことはないだろう。

28 I smiled back at him, warmly, got up and left. Back in my car, on the hot seats, **with** the top down, I thought something I've thought before. I don't know what to do, I thought. I started the car, turned on the radio and sat with the motor idling. I didn't even know where to go.

私も温かい笑みを返して立ち上がり，署を出た。車に戻り，トップを下ろしている**ので**熱くなった座席に坐り，前にも考えたことを考えた。どうしたらいいのか，おれにはわからない，と思った。車を始動し，ラジオのスイッチを入れて，エンジンをアイドルにしたまま坐っていた。どこへ行くべきか，それすらわかっていない。

解説 **with** には幾つかの大切な用法があるが，訳文のように「～ので」といった『理由・原因』を表わすのは，次のような場合である。

Her fingers were numb **with** cold.

（彼女の指は寒さでかじかんでいた）

囲みの中の下線部の with は，〈with + 名詞 + 形容詞（分詞・副詞[句]）〉の形で，その時その名詞がその形容詞などによって示される状態にあることを示す，いわゆる『付帯状況』(Attendant Circumstances) を表わす場合である。(四つめの文に出てくる sat **with** the motor idling も同じ用法である）　**with** the top down は「トップ（車の屋根）が下ろされた状態で」の意を表わす。

● したがって，下線部は「車に戻り，熱くなった座席に座り，屋根は下ろしたままで，前にも考えたことを考えた」となる。

◆**参考**　類例を一つ：

He drove northwards along the High Street with all the car windows down, past the shops, over the Kingsbrook Bridge, past the Olive and Dove and out on to the Stowerton road.

—— Ruth Rendell : *A New Lease of Death*

彼は，車の窓を全部あけて，ハイ・ストリートを北に向かって車を走らせ，商店街を通り過ぎ，キングズブルック橋をわたって，オリーヴ・アンド・ダヴ荘の前を通り過ぎると，ストワートン街道へ出た。

◆**注意**　次の下線部のような場合，with は用いられていないが，やはり『付帯状況』を表わしており，前に with を補って解することができる。

His shirt lay on a heap of straw in the corner; he plodded across to it and stood for a moment staring at the splintering barn wall as if it did not exist, his black eyes wide and fixed.

—— Colleen McCullough : *The Thorn Birds*

彼のシャツは隅っこのわらの山の上に置かれていた。彼は重い足どりでそこまで歩いて行って一瞬立ちどまり，黒い目を大きく見開き視線をじっと固定させて，ひびのはいった納屋(なや)の壁を，まるでそれが存在しないかのように，まじまじと見つめた。

29　The governor of Hong Kong, Sir David Wilson, has **suggested** that the United States and other countries grant passports to residents of Hong Kong to ease fears of what may happen when China takes over the British colony in 1997.

香港総督デービッド・ウィルソン卿は，「中国が 1997 年にこの英国植民地（香港）を引き継ぐ時に一体どんな事態が発生するのだろう」と心配する人々の心を和らげるため，米国など数カ国が香港市民にパスポートを発行する可能性を示唆した。

解説　**suggest** が *that*-節を伴う場合，二通りの意味，用法が区別されなければならない。

(1)「提案する，～して[みて]はどうかと言う」

(2)「示唆する，ほのめかす，暗に～ではないかと言う」

(1) I **suggested** to her that she [**should**] **wait**.

(私は彼女に待つことを提案した／彼女に待ってみてはどう

かと言った)

(2) He **suggested** that the accident **was** my fault.

(彼は事故の責任が私にあることを示唆した／彼は私のせいで事故が起こったような口ぶりだった)

(1) では *that*-節の中で should または仮定法現在が用いられ，用法は **propose** に近い。

(2) では *that*-節の中で動詞はふつうの直説法の形が用いられ，用法は **imply** に近い。

● したがって，囲みの文の中の suggest は (2) の意に解せられているが，正しくは (1) であることがわかる。grant は仮定法現在で，should grant の形をとった場合と同じである。つまり，

「香港市民にパスポートを発行するかもしれない」

と言ったのではなく，

「香港市民にパスポートを発行してはどうか」

と提案したのである。

◆**参考**　それぞれ例を一つ示しておく。

(1) On arriving home from work, I would phone her, or if not, she would phone me, and after a few feints and dodges, one would **suggest** to the other that we **get** together tonight, and a half hour later she'd be at my door.

—— Russell Banks : *Sarah Cole: A Type of Love Story*

仕事から帰ってくると，さっそく僕のほうから彼女に電話するか，そうでなければ彼女のほうから電話をかけてきて，しばらく攻めたりかわしたり言葉をやりとりしたあとで，どちらからともなく，今晩会うっていうのはどうかしら，という**提案がなされ**，半時間後には彼女が僕のアパートの入口に立つことになるのだった。

(2) And the circumstances of his leaving were abrupt and dramatic enough to **suggest** that the action **was** going to be temporary.

—— Joyce Carol Oates : *Detente*

そして彼が家を出ていくときの状況は前ぶれもなく劇的で，彼のとった行動が一時的なものに終るのではないかということを**暗**

示しているようだった。

(1) の get は仮定法現在で，should get という形をとることもある。(2) の was はふつうの直説法の過去である。

30 “Yeah, I know, you'd fold up if you hadn't got her **to cling on to**. You hang around all the bloody time.” Contempt had returned to her voice, edged this time with bitterness, but she showed none of either when she went on to add: “You're a good boy.”

“I wouldn't say —— I don't know. ...”

「そうさ，彼女に**しがみつかれて**ないと，あんたがつぶれちゃうんだ。のべついちゃついているわけだよ」ベティの声にまた軽蔑がもどってきたが，こんどは棘（とげ）のある軽蔑だった。しかし彼女がさらにいい添えたときには，その棘も軽蔑も影をひそめていた。「あんたはいい男だよ」

「ぼくだったら —— よくわからないというね。…」

解説 **hadn't got** は仮定法過去完了の形をしているが，have got = have であり，この have が had になっただけであるから，この仮定節は if you *didn't have* her to cling on to と同じで，「現在の事実と反対」のことを述べる仮定法過去であることを，まず確認しておく。

●このような形容詞用法の不定詞については，次の二通りの意味関係が区別されなければならない。

(1) He has no friend **to help**.
(2) He has no friend **to help him**.

(1)「彼には助けてあげる友達がいない」
(2)「彼には助けてくれる友達がいない」

不定詞が修飾する名詞 friend は，意味上，(1) では help の目的語（友達を彼が助ける）になっているが，(2) では help の主語（友達が彼を助ける）になっている。これは，もちろん，不定詞が後置前置詞（前置詞が，それが支配する[代]名詞の前に置かれず，文の終りなどに置かれる形をとるもの）を含む場合も同じである。

(1) She needs someone **to depend on.**
(2) She needs someone **to depend on her.**

(1)「彼女にはだれか（彼女が）頼れる人が必要だ」
(2)「彼女にはだれか彼女を頼りにする人が必要だ」（人から頼りにされることによって生きる張り合いが生じることもある）

●同様に囲みの例文を次のような形で考えてみる。

(1) You have a wife **to cling on to.**
(2) You have a wife **to cling on to you.**

(1)「君には（君が）しがみついて離さない奥さんがいる」（君が奥さんにしがみついている）
(2)「君には君にしがみついて離れない奥さんがいる」（奥さんが君にしがみついている）

●したがって，翻訳文の「彼女に**しがみつかれて**ないと」というのは，(2) の場合に対する訳文であり，原文は (1) のほうであるから「あんたは，彼女に**しがみつい**ていないと，けちょんとしちゃうのさ」の意を表わしていることがわかる。

◆**参考**　後置前置詞は十分になじんでおくべき事項であるので，例を加えておく。

If that's the kind of person he is, he's not worth **hanging on to**.

―― Ann Landers：*Asahi Evening News*

彼がそのような人間なら，**未練がましく執着する**に値しません［さっさと手を切るのが賢明です］。

They had enough **to get by on**.

―― Raymond Carver：*Sacks*

彼らには**ちゃんと暮らせる**だけの収入があった。

He wanted a wife **to play golf with** and **to sing to**.

―― Muriel Spark：*The Prime of Miss Jean Brodie*

彼はいっしょにゴルフをしたり，**歌を聞いてもらったりする**妻をほしがっていた。

◆**注意**　囲みの英文の最後のほうの部分，すなわち，女に "You're a good boy." と言われて，男のほうが答える言葉 "I wouldn't say ―― I don't know."の訳,

「ぼくだったら ── よくわからないというね」

は，次のような英文に対応するものである。

"I would say ── that I don't know."

● **I wouldn't say** は，正面きって「そうではない」と反論するのを避け，控えめに反対意見を述べる場合に用いる表現である。この場合も，若い女から「あんたはいい子だよ」と言われて，いい年をした分別くさい男のほうが，相手が自分に寄せる屈折した好意や皮肉を感じながら，はっきりと否定もせず，かといって肯定するわけにもいかず，

「そうでもないけど ── どうだかね」

くらいに，言葉をにごしたのである。

31 After they made love forcefully, when they were covered with sweat, dripping on each other, she said, "Still, you don't play fair."

"I don't play fair! **Look who's talking**. Do you want me to give you a handicap?"

"No."

"So?"

"It's not fair, that's all."

荒々しい交わりを終え，からだじゅうから吹き出す汗を互いのからだにしたたらせているとき，彼女が口を開いた。「やっぱりあんたはフェアじゃないわ」

「フェアじゃない，だと！ **誰に対していっているんだ**。きみはハンディをつけろといっているのか？」

「違うわ」

「それじゃ，何だ？」

「フェアじゃない。それだけよ」

解説 ふつう「誰に対していっているんだ」に対応する英語は Who do you think you are talking to? といったものだろう。

Look who's talking. は，相手が文句を言っていることに関して，文句を言っている当人も同罪であることをたしなめる表現である。「そんなことを言っているのはどこのだれなのかね」といった原意から，

「そんなことが言えた義理かね」

「そりゃ聞こえませんね」

といった気持を表わし，日本語の

「よく言うよ」

に近い。この文では，彼女から「あなたはフェアじゃない」と言われて，「[僕がフェアじゃないと言うのなら，君はどうなんだ。君だって同じじゃないか] **よく言うよ**」と言い返しているのである。

◆**参考**　同じ意味で用いられる言い方に **You can talk!**（[そんなことが] よく言えるね），または **You're a fine one to talk!**（人のことを言えた柄かね）がある。

"Johnny's eaten all the cakes, Mummy."

"**You can talk**, Peter —— you've eaten all the bread and butter!"

「ジョニーのやつ，ケーキを全部たべちゃったんだよ，ママ」

「**よく言うわね**，ピーター。お前だって [バターつき] パンを全部たべちゃったじゃないの」

32 There is an important distinction between uneducated and educated speech in which the former can be identified with the regional dialect most completely and the latter moves away from dialectal usage to a form of English that cuts across dialectal boundaries. On the other hand, there is no simple **equation** of dialectal and uneducated English. Just as educated English cuts across dialectal boundaries, so do many features of uneducated use.

無学のものと教育のある者が話す言語には重要な違いがあって前者は殆ど完全に方言に一致するものといってよいし，後者は方言から離れて広がっていって一定の形態の英語になる。

ところが一方，方言と，無教養の英語には一定の単純な**形態**

はない。ちょうど，教養英語が方言域を越えて広がっていくように，無教養の英語もそうなのだ。

解説　equation は「等式」であり，“A = B”すなわち「A は B に等しいとすること」である。たとえば，

The **equation** of wealth **with** happiness can be dangerous.

と言えば，

「[“富＝幸せ”とすること→] 金があれば幸せになれると考えるのは危険なこともある」

ということである。また，動詞 equate も同じ関係を表わし，たとえば，

People have been inclined to **equate** mechanical invention **with** civilization itself.

ならば，

「人々は [“機械の発明＝文明そのもの”とする→] 機械の発明と文明そのものを同一視する傾向があった」

の意である。

● したがって，囲みの文の下線部は，

「方言的な英語**と**無教養な英語**を単純に同一視する**ことはできない」

ということを述べていることがわかる。

◆**注意**　囲みの第一文の最後の部分（that cuts across dialectal boundaries）が，訳文から欠落しているので補っておく。

「…後者（＝教養のある人々の英語）は方言的な言葉遣いから離れ，方言の境界を横断する形の英語に近づく」

◆**参考**　入試問題から動詞の場合の例を一つ示しておく。

The wisdom from the past comes from a variety of sources. Although one tends to **equate** culture **with** the great scholarly or literary works, this view is an oversimplification. The wisdom of earlier centuries can also be transmitted in proverbs, popular sayings, customs, and superstitions.

過去の英知はさまざまな源に由来する。文化**を**すぐれた学問的・文学的著作**と同一視する**傾向があるが，これはあまりにも単

純化しすぎた考えである。昔の英知は，諺や，世間一般の言い習わしや，習慣や，迷信などによっても伝えられる。

33 He guessed that both his companions had tacitly agreed not to pester him with enquiries about the progress of the police investigation. They had earlier asked the obvious questions and had **met** his reticence **with** tactful silence.

二人の間には，ダルグリッシュに捜査の進捗状態をあれこれ訊かない方がいいという暗黙の了解があるようだった。すでに当たり前の質問をして，さり気ない沈黙で拒否**に会っている**。

解説 **meet** はもちろん「〈人〉に会う」場合だけでなく，「〈事・物〉にあう」場合にも用い，with を伴うことも多い。

They **met** opposition.

（彼らは反対にあった）

They **met with** stubborn resistance.

（彼らは頑強な抵抗にあった）

また meet は「応じる，対応する」の意で用いられることもある。

Don't **meet** force **with** force.

（力に対するに力をもってするな）

He **met** their criticism **with** indifference.

（彼は彼らの批判に無関心をもって対した）

● 上の下線部の meet もこの用法と同じである。reticence は「話したがらないこと；無口，寡黙」の意であるから，**met** his reticence **with** tactful silence は「彼の寡黙に対しては如才のない沈黙**で応じていた**」という意味になる。彼すなわち警視長ダルグリッシュは，彼ら二人と食事を共にしているが，彼らの訊くまでもないような質問に対して彼が答えないで黙っていると，彼らのほうもしつこく尋ねたりしないで黙っていたのである。

34　He asked Sawyer if he'd mind **seeing himself out** and then he ran upstairs and watched the photograph being taken. As far as he could tell, no one else was watching.

彼はソーヤーに**外まわりは独りで見て**くれないかと頼み，それから自分は二階に駆け上がってソーヤーが写真を撮るところを見守った。テレンスの知る限り，他には誰も見ていなかった。

解説　**oneself** には ⑴『再帰用法』と ⑵『強意用法』がある。たとえば：

⑴ He killed **himself** shortly after his wife's death.
（彼は奥さんの死後まもなく自殺した）

⑵ He died **himself** shortly after his wife's death.
（彼は奥さんの死後まもなく自分も死んでしまった）

再帰用法では，この例のように oneself が他動詞の直接目的語になるのがふつうであるが，間接目的語になることもある：

⑴ She made **herself** some tea.
（彼女は自分[のため]にお茶をいれた）

⑵ She made some tea **herself**.
（彼女は自分でお茶をいれた）

● 囲み中の下線部の翻訳文では，himself が強意用法に解されているようであるが，これはもちろん再帰用法である。**see** (a person) **out** は「(人を) 玄関まで案内して見送る」の意であり，これに対して，**see oneself out** は「自分自身を見送る」，つまり「人に案内してもらわないで自分で玄関まで行って出ていく」ことを表わす。

この下線部を直接話法で表わせば，

He said to Sawyer, "Would you mind seeing yourself out?"

であり，彼がソーヤーに言ったのは「玄関まで見送らないから自分で出て行ってくれませんか」といった内容である。

◆**参考**　例を一つ。ロンドンの，ある大臣の邸宅で，警視長が家政婦から事情聴取を終えて帰るところである。

"... You've been very helpful. I'm afraid we shall have to talk again, to ask you more questions, but it needn't be now. We can **see ourselves out**."

She got out of the chair as clumsily as an old woman and said: "No one **sees themselves out** of this house. That's my job."

—— P. D. James : *A Taste for Death*

「とても参考になるお話をありがとう。いずれまたお会いして，いろいろ尋ねさせてもらうことになると思いますが，今は結構です。お送りいただかなくてもだいじょうぶです」

彼女は老婆さながらにぎごちなく椅子から立ちあがって言った。

「このお屋敷ではどなたも玄関までお見送りさせていただくことになっています。私の仕事ですから」

●次は，目的語が再帰代名詞でない see ～ out の例：

"Get out of here this minute and take your wife with you. Doris! **See** these people **out**."

—— Paul Theroux : *The Odd-Job Man*

「今すぐここから出て行ってくれ，奥さんを連れてな。ドリス！お二人を見送るんだ」

35 "It's the scene," I said. "I am not new to misery, but it is the flat unalterability of it, I guess. You spend a couple days in the Combat Zone and you feel like you've eaten a bowl of grease."

Susan nodded. "**It's not like** you've never encountered depravity," she said.

「あの光景なんだ。悲惨さには慣れているが，問題は，変えることはまず不可能だ，という点だと思う。コンバット・ゾゥンに二日ほどいると，グリースをスープ皿一杯食べたような気分になる」

スーザンがうなずいた。「腐敗，堕落に初めて接した場合**とは違うわね**」

解説　**It's not like ...** はくだけた言い方であるが，**It isn't as if ...** と同じである。

It isn't as if he had no money.

といえば，

「なにも彼が無一文だというわけじゃあるまいし」

ということで，裏の意味は，

He has plenty of money.（彼はたんまり金を持ってるじゃないか）

である。

●コンバット・ゾゥンはボストンの一区域。酒とポルノとセックスの街。少女売春も行われている。"私" は探偵で，猥（わい）雑や堕落に接するのは別に新しいことではない。しかし，コンバット・ゾゥンで二日も過ごせば，まるでグリス（＝獣脂）をボール一杯も飲んだような気分になる。

私がこう言ったのに対して，恋人のスーザンはうなずきながら，

「なにも堕落に初めて接したわけでもないのにね」

と答えたわけである。もちろん裏の意味は，

「そんなひどい状態は今まで何度も見てきているのにね」

ということである。

◆**注意**　**like** は口語では英米ともに接続詞としてよく用いられる。この例では like が (1) **as if** という接続詞のかわりに用いられているが，(2) **as** のかわりに用いられることも多い。〔⇨ p. 180〕

それぞれ例をあげておく：

(1) Frank treats me **like** I'm a twelve-year-old child.

—— Len Deighton：*Berlin Game*

フランクは私をまるで 12 歳の子供**みたいに**扱うんだ。

(2) There were moments when I thought I'd have to go down and drive her back to London **like** she wanted.

—— John Fowles：*The Collector*

地下室に降りて行って，彼女が望んでいる**ように**，彼女をロンドンまで車で送り帰さなければと思うことも何度かあった。

36　Sybil　：Do you love running?

Harold：I'm **more of** an addict. It's a compulsion, a weapon.

Sybil　：Against what?

Harold：Being Jewish, I suppose.

Sybil　：You're not serious?

Harold：You're not Jewish or you wouldn't ask.

……………

Harold：I believe that God made me **for a purpose**. For China. But He also made me fast, and when I run I feel His pleasure.

シ：走るのが好きなの？

ハ：中毒**なんてもんじゃない**。抑えがたいものなんだ，戦いの武器ともいえるな。

シ：敵は？

ハ：ユダヤ人であるってことかな。

シ：まさか，本気じゃないんでしょ？

ハ：君はユダヤ人じゃないからさ，でなければ，そんな質問はしないだろうからね。

……………

ハ：神が私をお遣わしになられるのには**理由がある**と思うんだ。中国での伝道には。だが，神は同時に私に早い足も授けられたんだ，走る時，私は神の喜びを感じるんだ。

解説　この「中毒なんてもんじゃない」という日本語は，「中毒どころか，もっとひどい状態にある」という意味を表わしていることは言うまでもない。これに対応する英語は，

(1) I'm **more than** an addict. であって，

(2) I'm **more of** an addict. ではない。

more of ～ の場合は，その比較対象が意味上補われなければならない。

たとえば，

(3) He is **more than** a cheat.

(4) He is **more of** a cheat.

(3) 彼はぺてん師なんてもんじゃない。(それ以上に悪質な人間だ)

(4) 彼はぺてん師といったほうが当たっている。

(4) は，たとえば，文脈上明らかな，次のような要素が省略されている。

(4)′ He is **more of** a cheat [**than** a liar].

(4)′ 彼は［うそつきというより］むしろぺてん師だ。

●したがって下線部は，

「僕はそれどころかもう中毒なんだ」

の意であることがわかる。つまり，具体的には，シビルの

Do you love running?（走るのが好きなの？）

に対して，

I'm **more of** an addict **than** a lover [of running].

（私は［走るのが］好きというよりもう中毒なんだ）

と答えたのである。

◆**参考**　more of ～ than ... の例を一つ示しておく。

Alexander was **more of** an explorer **than** an administrator by nature.　―― Freya M. Stark：*Alexander's Path*

アレキサンダーは性格的には行政官**というよりもむしろ**探険家であった。

◆**注意**　あとのほうの点線部が述べているのは，

「神は**ある目的のために**私をつくられたのだ。中国での伝道という目的のために」

ということである。

37　"Stuff my supervisor," he said as he got me in the belly with the clipboard again. "Either sign here, man, or I'll shit-can it, and you can whistle Dixie, asshole."

"I'm a taxpayer, jerk," I said, which was partially true, "and you've got a dirty mouth **for** a government employee. What's your name?"

「上司なんてくそくらえだ」そういって彼はまた，クリップボードで私の腹をつついた。「さっさとサインしろ，さもなきゃ捨てちまうぞ。いいつけたいなら勝手にいいつけやがれ，くそったれ」

「おれは納税者の一人なんだぞ，馬鹿野郎」私はいった。私だって，少しは税金を払っている。「そんな口のきき方ってあるまい。**これでも**政府の高官なんだ。名前を聞かせてもらおうか」

解説 ドンドンと表を叩く音に，泥酔が半ば残った状態の私がよろよろと玄関にたどり着いてドアを開けると，この寒いのに夏用の半袖・半ズボンの制服を着た郵便配達の男が，配達証明付きの速達を差し出してサインを求める。過去の苦い経験から，望まない郵便物にはサインしないことを学んだ私が，"Who's it from?" と尋ねると，男はそんなことはどうでもいいからさっさとサインしろと言う。「それなら局に行って受け取れば，あんたの上司が差出人を教えてくれるかもしれないね」と私が答えたのに対して，男の乱暴な言葉が返ってくる。

● 下線部の a government employee は「政府の高官」ではない。「政府に雇われている人」であって，ここでは郵便配達人を指している。「政府の高官」ならば a government high official である。なお「公務員」は a civil servant である。

前置詞 **for** は文脈によりいろいろな意味を表わし，この訳文では「～に対して」の意に解されているようであるが，実はこの for は「～にしては」の意で用いられている。すなわち，下線部は，

「税金で雇われている人間**にしては**きたない口のきき方をするじゃないか」

といったことを述べている。

◆**参考**　同じ意味で用いられた for の例：

… he is unusually good-looking, **for** an Englishman …

—— Agatha Christie：*The Murder of Roger Ackroyd*

あの人は珍しいほど顔立ちが整っています，英国人にしてはですが。

For a man with a sore feet, I thought I managed to step aside deftly. ―― James Crumley : *Dancing Bear*

足が痛む人間にしては，われながらうまくわきによけることができたものだと思った。

◆**注意**　郵便配達人の言葉遣いは，卑俗な表現が目立つ。

Stuff ～ は翻訳の「～なんてくそくらえ」といった訳を一般に対応させることのできる荒っぽい表現である。

man は相手に対して「お前，君，おい，こら」などと呼びかける用法である。

shit-can は，代表的な卑俗語である shit（くそ）を他の語にくっつけて用いた例。日本語の「くそまじめ」，「くそ坊主」などに類するが，ずっと下品である。**can** も俗語的に用いられた動詞で，ここでは「やめる，よす」(put a stop to, quit) の意と考えられる。

whistle Dixie は「ディキシー（南北戦争当時，南部諸州で愛唱された幾つかの歌）を口笛で吹く」から，「いい加減なことを言う，夢想にふける」などの意味で用いられる。

asshole は「けつの穴」から，人をののしって「くそったれ」の意。

●この部分（"Either sign here, man, or I'll shit-can it, and you can whistle Dixie, asshole."）は訳者によって，意味のとり方と訳し方が分かれるが，その一つとして次のような訳が考えられる。

「おい，ここにさっさとサインしろ，でなけりゃおれは引き上げるから，あんたは鼻歌でも歌ってるんだな，くそったれ」

38　" ... If you get used to having your bath run and your breakfast in bed and your clothes hung up, you have to put up with some inconvenience in return. Different when Lady Ursula was a girl, of course. Servants were seen and not heard then. Pressed back against the wall when the gentry go by in case they have to look at you. Hand the post with a glove so as not to contaminate it. Think yourself lucky to have a good place. My gran was in service; I know."

「…いつも人にお風呂にお湯を入れてもらったり，ベッドに朝食を運んでもらったり，洋服の片付けをしてもらうと，代りに不都合な面もあって，我慢しなければならないこともあるわけですよ。もちろんレディ・アーシュラが若い頃はそうじゃありませんでしたよ。昔は使用人は姿は見えない，声も聞こえないものでした。ご主人たちが通りかかると目障りにならないように，壁にぴったり張りついたものです。手紙なんかも汚れないように手袋をはめた手で渡してね。いい所に勤めて幸せと思ったものです。うちのお祖母ちゃんがそうだったから，よく知っているんです」

解説　昔と今の召使いと主人の関係の違いを述べているが，訳文中「我慢しなければならないこともある」とあるのは，主人の側のことである。

ところで，**be seen and not heard then** という表現は，次の諺に用いられているものである。

Children should be seen and not heard.

これは「子供というものは年長者の前では，話しかけられるまでしゃべってはならない。だまってもっぱら大人の話を拝聴しているべきだ」といった内容を述べ，今日ではあまりピンとこない諺に成り下がってしまっているが，親が威厳と権威を保持していた一昔前には，これがきちんと守られていた，あるいは，守られるようにしつけられていたのである。

●したがって上の下線部も，

「召使いというものは，主人の前では，やたらに口をきいたりしないで，うやうやしくだまっていたものだ」

ということを内容としており，当時の召使いの主人に対する恭順の態度を象徴的に述べたものである。したがって，直訳でも，

「当時の召使いは姿が見られるだけで，声は聞かれなかった」

ということになる。

◆**参考**　よく用いられる諺なので，例を示しておく。

"Will you keep your tongue quiet! Little boys of your age should be seen and not heard. Though who'd want to see you I can't think."　　—— Angus Wilson : *No Laughing Matter*

「いいかげんおしゃべりはやめなさい！ あなたぐらいの年頃の男の子は，人前に姿を見せても，だまってなくっちゃいけないのよ。あなたの姿を見たいって人なんかいるかどうかわからないけどね」

39 Mr. Harwick's death was then discussed but with no mention that his trauma in the OR was the possible result of Dr. Ballantine's inept surgery. The general feeling among the attendings was **"There but for the grace of God go I,"** which was true to an extent.

そのあとハーウィック氏の死について討論されたが，手術室での外傷がバランタイン医師の不適切な手術によって起った可能性については全く言及されなかった。出席者の間の一般的な感触は，**"さわらぬ神に祟りなし"**というのが，ある程度当っていた。

解説 ボストンのある病院で。月例の死亡検討会が行われている。バランタインは心臓外科部長。すでに高齢で，白髪。皆から敬愛されているが，年には勝てない。部下たちのそれとない配慮によって名声が支えられている。六か月前にも，同じようにして彼が手術した患者が死んでいる。

しかし，医者は，仲間の失敗は追求しない。むしろ，かばいあう。この検討会も，そのような機能を果している。ましてバランタインはボスである。あからさまに疑問を表明する者も，当然いない…

- このような文脈からは「さわらぬ神に祟りなし」という訳はいかにも自然であるが，英語が表わす意味は別である。これは歴史的な出典を持つ慣用表現で，「神の恩寵がなかったならば自分もあんなふうになっていたかもしれない」，つまり「運が悪ければ自分も同じ立場にあるところだ」の意を表わし，「自分でなくてよかった」，「危ないところだった」といった身につまされる安堵感も含まれる。「他人(ひと)ごとではない」といった訳なら，ここの英語が表わすニュアンスをある程度伝えることができる。

◆**注意** **but for** ～ は「～がなければ」（= without）の意味で，条件を表わす。

She would have been lost **but for** him.

（彼がいなかったならば彼女は助からなかっただろう）〔= if it had not been for him〕

● **except for** ～（～を除けば）と比較：

The bus was empty **except for** him.

（彼以外にはバスはからっぽだった）

◆**参考** この表現が省略的に用いられた例を示しておく：

Silas said to me, “Lucky Eric, eh? Cheap little gas meter bandit.”

“How can you be sure?” I asked Silas.

“I can smell them,” said Silas. “And do you know something, some people with a sharp nose, detect a similar odour on me? **There but for the grace** ... ”

—— Len Deighton：*Only When I Larf*

サイラスは私に向かって言った。「通称ラッキー・エリックだって？ けちなみみっちい盗っ人じゃないか」

「どうしてそんなことわかるの？」私はサイラスに尋ねた。

「おれには臭いでわかるさ」とサイラスは言った。

「いいかい，鼻のきく連中のなかには，このおれにだって同じような臭いをかぎわけるのがいるんだ。**まかり間違えばこのおれも**…」

●このサイラスは，その愛人である“私”と，もう一人の見習い格の若い男と，三人で相棒を組んで，でっかい仕事を専門にする詐欺師（trickster ／ con[fidence] man）である。

●文中，**gas meter bandit** とあるが，コインを入れてガスを使用する方式の器具の，コイン入れをこじ開けて小銭を失敬するといった手の，みみっちい仕事をするどろぼうを，こう言ったものである。

●また，**do you know something** は文字どおりに「あなたは何か知っていますか？」の意ではなく，何か大切なことを言おうとするときに，相手の注意を引くために用いる，口語的な決まり文句である。**You know what?** とも言う。

You know what? I've never told you this before, but this is my second marriage.

（**いいですか**，このことをお話しするのは初めてですが，実は結婚はこれが二度目なんですよ）

40 She keeps knitting. She folds yarn the color of cream, the color of snow. She works it with her long blue needles, piercing, returning, winding. Yarn cascades from her hands in long panels. A pattern appears and disappears. She stops and counts; <u>**so many** stitches across, **so many** down</u>. Yes, she is on the right track.

母は編物を続ける。クリーム色の毛糸，雪色の毛糸を束ねる。作業をするときには，長くて青い編棒を使い，刺したり，返したり，巻き上げたりしている。長い筋を引いて母の両手から滝のように毛糸が流れる。模様が現われては消えてゆく。母は手を止めて数える。<u>**たくさんの**横目と**たくさんの**縦目</u>。そう，やはり間違えてはいないようだ。

解説 **so many** は常に「非常に多くの」の意を表わすわけではない。大別すれば (1)「非常に(そんなに)多くの」，(2)「それと同数の」，(3)「(具体的な数を言わないで，特定の数を表わし) いくついくつの」

(1) **So many** young people were killed in the war.

（**非常に多くの**若者が戦争で死んだ）

(2) The boys were climbing the tree like **so many** monkeys.

（少年たちは［**彼らと同数の**猿→］**まるで**猿のように木に登っていた）

He regarded these misfortunes as **so many** blessings in disguise.

（彼はこれらの不幸を［**それと同数の**］姿を変えた幸福とみなした）

＊このように，この意味での so many はそのまま「それと同数の」と直訳しない場合が多い。

(3) A recipe tells you that you need **so many** eggs, **so much** milk, *etc*.

（調理法は［**これこれの数の**卵，**これこれの量の**牛乳→］卵は**これだけ**，牛乳は**これだけ**，など，何がどれだけ必要かを教えてくれる）

●囲みの下線部の so many は (1) の意味で訳されているが，(3) に解されるべき用法である。つまり，

「横の編み目が**いくつ**，縦が**いくつ**」

と，明示されない特定の数の編み目を数えてみて，間違いないことを確かめ，またせっせと編み続けるのである。

◆**参考**　それぞれの実例を示しておく。

(1) '**So many** things are difficult,' said Miss Marple.

It was a useful phrase which she used often.

—— Agatha Christie : *Nemesis*

「**いろいろと**むずかしいことがありますね」

ミス・マープルが言った。

これは彼女が愛用した重宝な応答表現だった。

(2) 'I hardly expected you would. You must keep on until you do. Here are your wages.' He handed each of them a shilling. 'Now, off you go, and come back with a better report next time.'

He waved his hand, and they scampered away downstairs like **so many** rats, and we heard their shrill voices next moment in the street.　　—— Arthur Conan Doyle : *A Study in Scarlet*

「あまり当てにはしてなかったがね。見つかるまで続けるんだぞ。さあ，日当だ」彼はめいめいに1シリングずつ手渡した。「じゃ，行っていいよ。こんどはもっといい報告を持ってきてくれよ」

彼が手を振ると，彼らはねずみ**さながらに**階段を駆け降り，次

の瞬間には彼らのかん高い声が通りから聞こえてきた。

I don't care now, if she is still alive, I don't want to meet her. I've got no interest. Aunt Annie's always said good riddance in **so many** words, and I agree.

—— John Fowles : *The Collector*

今ではどうでもいいことで，母が生きていたとしても，別に会いたいとも思わない。僕にはなんの関心もない。アニーおばさんはいつも**あからさまに**，いい厄介払いだわ，と言っていたが，僕も同感だ。

＊ **in so many words** は「(それと同数の言葉で→そのままの言葉で→) あからさまに，はっきりと」

(3) They say, "The British try to judge everything on a practical basis. If it is a girl, they judge her on points like a horse: **so many** points for good looks, **so many** for intelligence, **so many** for good family, **so many** for money ... and only if everything is satisfactory, *then* fall in love with her!"

—— Trevor Leggett : *The British and the Japanese*

彼ら（大陸のヨーロッパ人）は言う。「イギリス人はなんでも実際的に判断しようとする。たとえば女の子の場合にも，まるで馬のように品定めする。器量が**何点**，知能が**何点**，家柄が**何点**，財産が**何点**，といったぐあいに。全部が合格点ということになってはじめて，彼女と恋をする」

◆**注意** 囲みの例文の第二文の中の **yarn the color of cream**（クリーム色の毛糸）は，yarn [of] the color of cream のように of を補って考えることのできる表現であるが，類例としてよく用いられるのは「大きさ」や「年齢」を表わす次のようなものである。(of はふつう表わさない)

a hole [of] the **size** of a tennis ball

〔= a hole the same size as a tennis ball〕

（テニスボールくらいの大きさの穴）

boys [of] your **age**

（君と同じ年の少年たち）

索　　　引

〔数字はページを示す〕

—— T ——

本書は，聖文新社より2010年に発行された『誤訳の典型』の第1刷（2010年9月発行）を，新装のうえ，原書通りに復刊したものです。

誤訳の典型

2021年7月31日　初版第１刷発行　　　　　　　［検印省略］

著　者　　　　　　　中原道喜
発行者　　　　　　　金子紀子
発行所　株式会社　金子書房

〒112-0012　東京都文京区大塚 3-3-7
電話 03-3941-0111（代表）FAX 03-3941-0163
振替 00180-9-103376
URL https://www.kanekoshobo.co.jp
印刷・製本　株式会社三島印刷

ISBN　978-4-7608-2014-6　C3082